Bettina Müller

Das Übungsheft 6
Texte schreiben

Grundlagen und Aufsatztraining

Name: _____   _____

Klasse:

Mein Schreibmeister-Pass:

Schreibmeister	Seite	Datum	Anzahl der beachteten und abgehakten Punkte	Wie leicht fiel mir das? 😊 😐 ☹
1	8			
2	18			
3	30			
4	40			
5	50			
6	62			

Inhaltsverzeichnis

Erläuterung und Umgang mit dem Wegweiser

Begriffsbestimmung „Wegweiser",
Aufbau eines Textes (Überschrift, Einleitung, Hauptteil, Schluss),
Textarten: **Sachtexte** und **erzählende Texte** 4
Mögliche Textkriterien des Hauptteils zuordnen 5

Treffende Adjektive, wechselnde Satzanfänge, Fachbegriffe 6
Ergebnisse zuordnen, Inhalte überarbeiten 7

| Der 1. Schreibmeister .... 8 |

Bericht

Merkmale eines **Berichts**, „W-Fragen" zuordnen 10
„W-Fragen" herausarbeiten 11

Wortschatzarbeit: Verben im Infinitiv und Präteritum schreiben 12
Wortschatzarbeit: Verkehrsteilnehmer, Fahrzeuge, Verkehrsbegriffe herausarbeiten 13

Bilderfolge analysieren, Aussagen ordnen 14
Einen Unfallbericht schreiben... 15

Einen Unfallbericht überarbeiten, Textinformationen prüfen 16
Einen Unfallbericht schreiben... 17

| Der 2. Schreibmeister .... 18 |

Inhaltsangabe

Merkmale einer **Inhaltsangabe**, einen Text inhaltlich kürzen 20
Primär- und Sekundärtexte zuordnen 21

Hinweise zur Texterarbeitung, Kerninformationen unterstreichen 22
Kriterien Einleitung, Kernaussagen im Präsens formulieren............................ 23

Eine Einleitung formulieren, einen Text ins Präsens setzen 24
Oberbegriffe finden, Merkmale der indirekten Rede anwenden 25

Eine Sage lesen, Kerninformationen unterstreichen, Fragen zum Textinhalt beantworten ... 26
Eine Inhaltsangabe schreiben 27

Eine Kurzgeschichte lesen, Kerninformationen unterstreichen 28
Eine Inhaltsangabe schreiben 29

| Der 3. Schreibmeister .... 30 |

2

Inhaltsverzeichnis

Gegenstandsbeschreibung

Merkmale einer **Gegenstandsbeschreibung**, eine Gegenstandsbeschreibung zuordnen ... 32
Textkriterien bestimmen, einen Lückentext ergänzen ... 33

Eine Wörtersammlung erstellen ... 34
Eine Gegenstandsbeschreibung überarbeiten ... 35

Gegenstandsbeschreibung: eine Wörtersammlung erstellen ... 36
Eine Gegenstandsbeschreibung schreiben: Sneaker ... 37

Gegenstandsbeschreibung: eine Wörtersammlung erstellen ... 38
Eine Gegenstandsbeschreibung schreiben: Trekkingrucksack ... 39

Der 4. Schreibmeister ... 40

Fabel

Merkmale einer **Fabel**, eine Fabel lesen ... 42
Kriterien am Text erarbeiten ... 43

Information „Aesop", Eigenschaften zuordnen ... 44
Gegensatzpaare bilden, Sprichwörter zusammenfügen ... 45

„Fabelsprache": eine Wörtersammlung erstellen ... 46
Eine Fabel überarbeiten ... 47

Bilder einer Fabel verstehen und interpretieren ... 48
Eine Fabel nach Bildern schreiben ... 49

Der 5. Schreibmeister ... 50

Schilderung

Merkmale einer **Schilderung**, eine Schilderung lesen ... 52
Wortschatzarbeit: Begriffe den Sinnen zuordnen ... 53

Gezielter Umgang mit Sprache: treffende Adjektive und Vergleiche finden ... 54
Wiederholungen bewusst einsetzen, einen Lückentext ergänzen ... 55

Mit einem Bildimpuls arbeiten, Eindrücke notieren ... 56
Passende Eigenschaften auswählen, einen Lückentext ergänzen ... 57

Wortschatzarbeit: passende Gefühle auswählen ... 58
Einen Lückentext ergänzen, treffende Adjektive und Verben finden ... 59

Eine Schilderung schreiben ... 60

Der 6. Schreibmeister ... 62

In diesem Übungsheft wirst du immer wieder einem **Wegweiser** begegnen.
Die einzelnen Pfeile zeigen dir Schritt für Schritt, **welche Kriterien (Dinge) du beim Schreiben beachten musst**.
Diese Angaben helfen dir, einen guten Text zu planen und zu schreiben.

1 Jeder Wegweiser besteht, wie auch ein Text, aus vier Hauptteilen. Ordne die Bausteine dem Wegweiser zu. Verbinde.

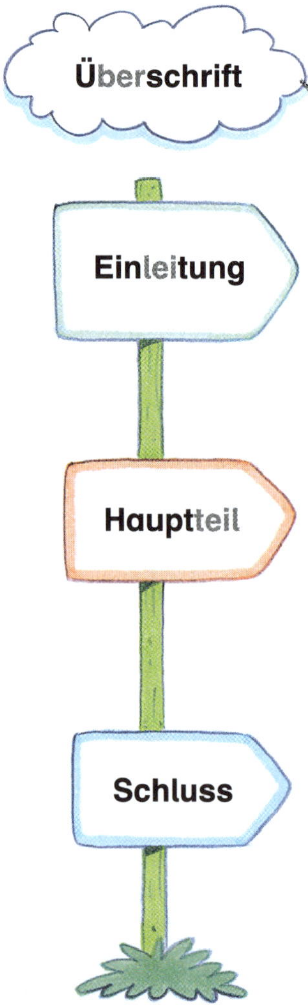

Überschrift — Sie steht am Anfang und leitet mit wenigen Sätzen in das Geschehen ein.

Einleitung — Sie steht über dem Text. Sie soll Aufmerksamkeit erregen, ohne dabei zu viel vom Inhalt zu verraten.

Hauptteil — Er rundet den Text kurz ab, indem zum Beispiel die Handlung und das Ergebnis zusammengefasst werden. Ohne ihn wäre der Text unvollständig.

Schluss — Er ist der längste Teil des Textes. Hier passiert am meisten. In diesem Teil muss man viele Kriterien (Dinge) beachten.

2 Obwohl jeder Text eigene Merkmale hat, unterscheidet man zwischen zwei größeren Textarten: den Sachtexten und den erzählenden Texten. Ordne zu. Verbinde.

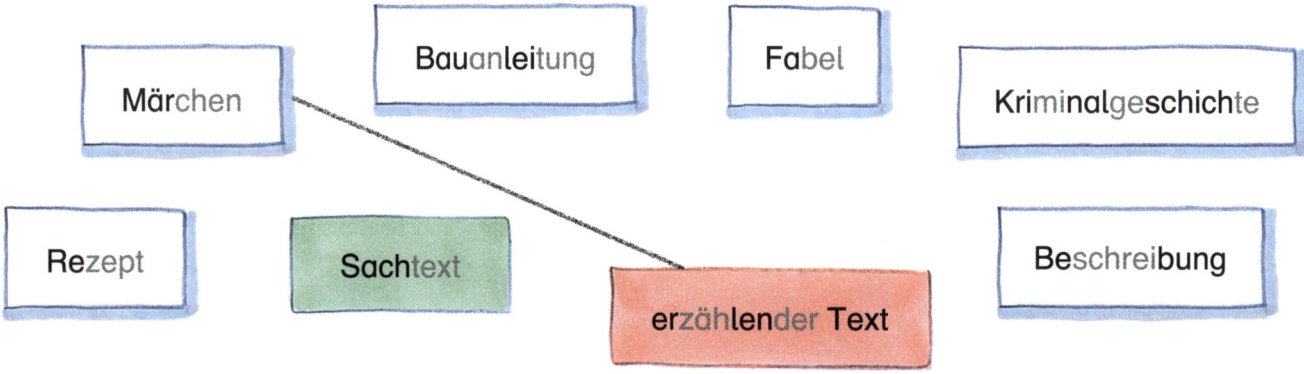

Begriffsbestimmung „Wegweiser": Der Wegweiser zeigt die wichtigsten Textmerkmale an und führt durch das ganze Übungsheft als verlässlicher Schreibbegleiter.
Aufbau eines Textes (Überschrift, Einleitung, Hauptteil, Schluss), Textarten: Sachtexte und erzählende Texte

3 Der Hauptteil ist der längste Teil des Textes. Hier muss man viele Kriterien beachten. Ordne die Beispiele dem Wegweiser zu. Verbinde.

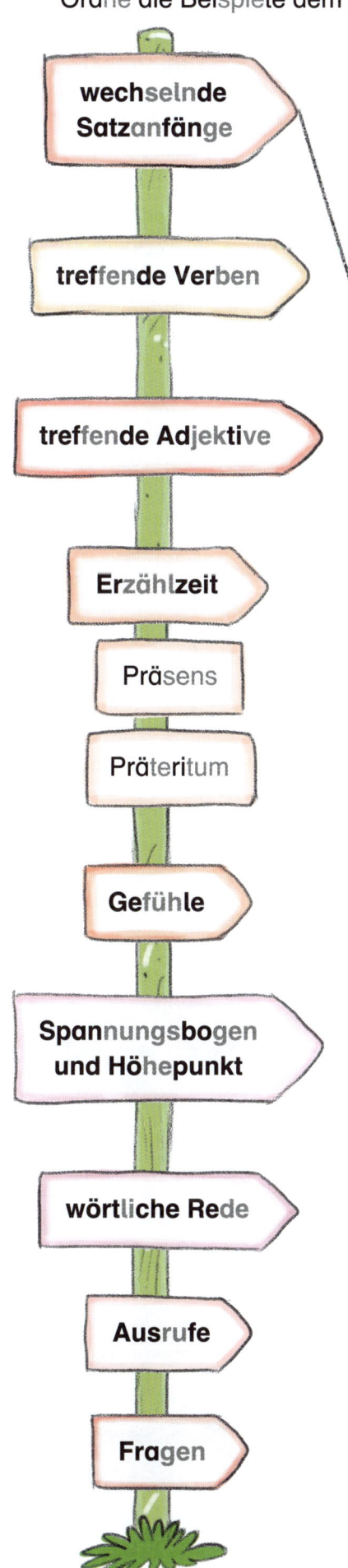

- wechselnde Satzanfänge
- treffende Verben
- treffende Adjektive
- Erzählzeit
- Präsens
- Präteritum
- Gefühle
- Spannungsbogen und Höhepunkt
- wörtliche Rede
- Ausrufe
- Fragen

- langsam, kariert, fuchsteufelswild, blütenweiß …
- gehen, rennen, laufen, stürmen, schleichen, bummeln, trödeln …
- überglücklich, sie strahlte vor Glück, ängstlich, er bekam eine Gänsehaut …
- Zufrieden **trottete** der kleine Hund zu seinem Fressnapf. Dort **schnappte** er sich den Knochen.
- zuerst, dann, danach, währenddessen, obwohl, jetzt, schließlich …
- Zufrieden **trottet** der kleine Hund zu seinem Fressnapf. Dort **schnappt** er sich den Knochen.
- „Für mich? Ein Geschenk?" Sina lachte: „Ja, nur für dich! Komm, mach es auf. Ich möchte sehen, ob es dir gefällt."
- Es war still, doch das Geräusch war deutlich zu hören. Es wurde nicht nur lauter, sondern es kam auch näher. Immer näher und näher. Und plötzlich …!
- Doch was war das? Kennst du das auch?
- Das darf doch nicht wahr sein! Was für ein Anblick!

Mögliche Textkriterien des Hauptteils zuordnen

1 Ordne die Adjektive aus dem Kästchen den einzelnen Begriffen zu. Schreibe sie auf.

| stürmisch | kariert | wasserfest | fleißig | blau | regnerisch |
| eisig | hilfsbereit | organisiert | günstig | blond | sonnig |

Wetter: stürmisch,

Kleidung:

Hausmeister:

2 Suche die neun Satzanfänge. Markiere sie.

z	u	e	r	s	t	w	d	a	n	n	b	z	u	l	e	t	z	t	a
d	i	m	i	t	t	l	e	r	w	e	i	l	e	j	j	e	t	z	t
p	l	ö	t	z	l	i	c	h	l	e	d	a	r	a	u	f	n	a	m
ü	w	ä	h	r	e	n	d	d	e	s	s	e	n	l	e	n	u	n	r

3 „Schuh ist nicht gleich Schuh". Verwende Fachausdrücke. Schreibe sie auf.

Halbschuhe

4 Schreibe die Ergebnisse von Aufgabe 1 bis 3 hinter den richtigen Pfeil.
Beachte die Hinweise des Wegweisers.

treffende Adjektive ☐

Wetter: stürmisch, _____

Kleidung: _____

Hausmeister: _____

wechselnde Satzanfänge ☐

zuerst, _____

Fachbegriffe ☐

Halbschuhe, _____

5 Überprüfe.
Hast du die Hinweise des Wegweisers beachtet?
Wenn ja, dann hake die Kästchen in Aufgabe 4 ab ☑.

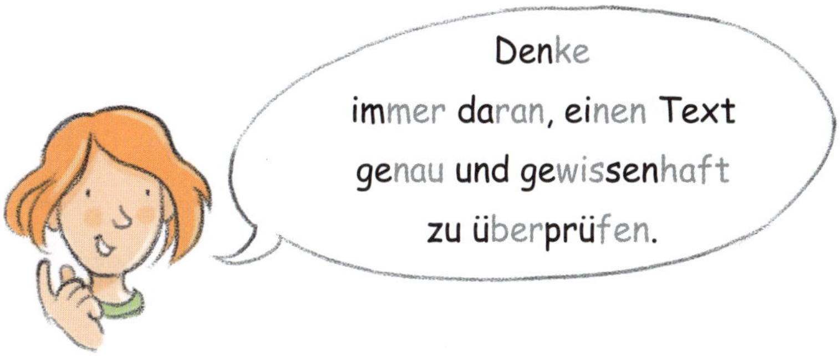

Denke immer daran, einen Text genau und gewissenhaft zu überprüfen.

Ergebnisse zuordnen, Inhalte überarbeiten

Der 1. Schreibmeister

1 Füge die Redewendungen richtig zusammen. Verbinde.

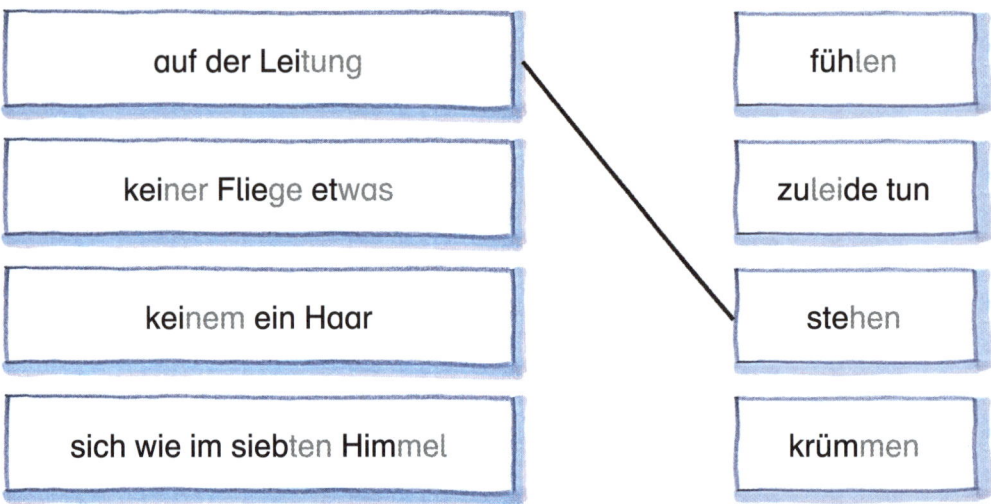

2 Trenne in der Wörterschlange die Gefühle voneinander.

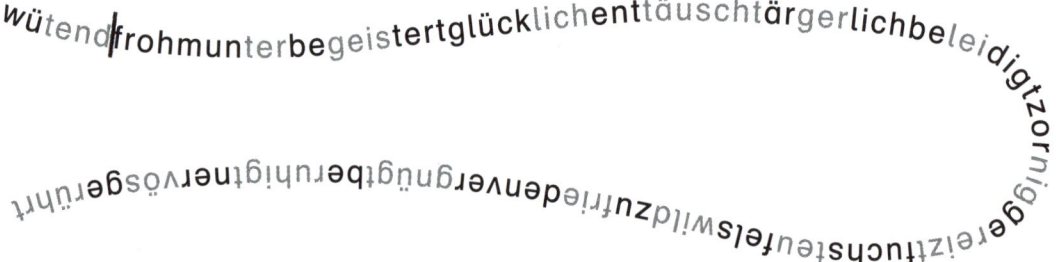

3 Manche Texte muss man sachlich schreiben.
Welche Wörter machen diese Sätze unsachlich? Streiche sie durch.

a) Der Hund besaß ein wunderhübsches, braunes Fell.

b) Der verträumte Autofahrer übersah die rote Ampel.

c) Die Stürmerin schoss ein fantastisches Tor.

d) Europa umfasst 47 einzigartige Staaten.

4 Setze folgende Sätze in die wörtliche Rede.

a) Der Polizist fragt, wer den Dieb gesehen hat.

_____

b) Der Lehrer sagt, dass es heute keine Hausaufgaben gibt.

_____

5 Ergänze die fehlenden Angaben.
Schreibe die Ergebnisse von Aufgabe 1 bis 4 hinter den richtigen Pfeil.
Beachte die Hinweise des Wegweisers.

☁ _____

Die _____ leitet kurz in den Text ein.

Der _____ ist der längste Teil des Textes. Hier werden Inhalte ausführlich beschrieben.

Redewendungen → auf der Leitung stehen, _____

Gefühle → wütend, _____

sachlich →

wörtliche Rede →

Der _____ rundet den Text ab.

Du hast ____ von 52 Aufgaben richtig gelöst.

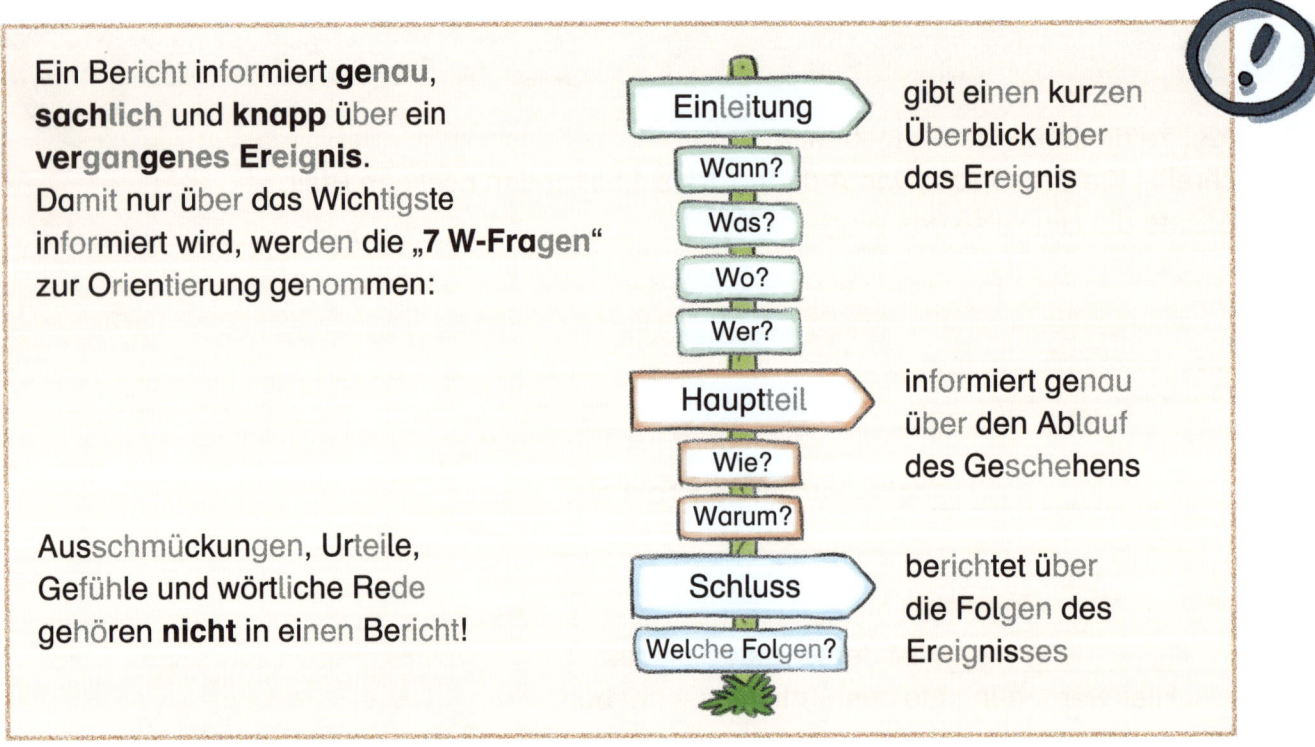

Ein Bericht informiert **genau**, **sachlich** und **knapp** über ein **vergangenes Ereignis**. Damit nur über das Wichtigste informiert wird, werden die „**7 W-Fragen**" zur Orientierung genommen:

Ausschmückungen, Urteile, Gefühle und wörtliche Rede gehören **nicht** in einen Bericht!

1 Ordne die Antworten zu. Schreibe sie hinter den richtigen Pfeil.

> in der Stadt Mengen   vergangenen Samstag   Landeswettbewerb im Laufen
> kämpfte sich nach vorne   Mädchen lag zurück   überholte alle anderen Läufer
> Zarah (11)   qualifizierte sich für Bundesfinale in Berlin   lief als Erste ins Ziel ein

Einleitung

Wann hat es sich ereignet?   vergangenen Samstag

Was hat sich ereignet?

Wo hat es sich ereignet?

Wer war daran beteiligt?

Hauptteil

Wie/Warum ist das Ereignis abgelaufen?

Schluss

Welche Folgen hat es?

Merkmale eines Berichts, „W-Fragen" zuordnen

2 In der Zeitung erschien folgender Bericht.
Überprüfe, ob die „7 W-Fragen" berücksichtigt wurden.
Unterstreiche die Textstellen und streiche die beantworteten Fragen durch.

Elfjährige gewinnt Landeswettbewerb

Am vergangenen Samstag fand der Landeswettbewerb im Langstreckenlauf in Mengen statt, an dem die 11-jährige Zarah teilnahm. Nach anfänglichen Startschwierigkeiten lag Zarah zunächst zurück. Doch die Läuferin kämpfte sich zielstrebig nach vorne, überholte die anderen Läufer und gelangte schließlich als Erste ins Ziel. Durch ihren Sieg als Gruppenerste qualifizierte sich das Mädchen für den Bundeswettbewerb, der im Sommer in Berlin stattfinden wird.

~~Wann?~~   Wo?   Was?   Wie/Warum?   Wer?   Welche Folgen?

3 Auch Malte, Faris und Leni haben an einem Wettbewerb teilgenommen.
Sieh dir das Bild genau an. Kreise die Informationen ein, die für einen Bericht wichtig sind.
Schreibe in Stichwörtern alle Antworten auf die „W-Fragen" auf.

Lesewettbewerb der 6. Klassen
(15. Dezember) in der Aula
Der Schulsieger nimmt am Stadtwettbewerb teil.

Faris   Malte   Leni

Wann? 15. Dezember
Was? _____
Wo? _____
Wer? _____
Wie? Warum? _____

Welche Folgen? _____

„W-Fragen" herausarbeiten

1 Lies dir den Text durch.

Die Piazza Venezia bei Nacht

Wenn schon viele schlafen, dann erwacht die Piazza Venezia in Rom zum Leben. Die Fußgänger flanieren auf den Gehwegen oder Bürgersteigen, Schaulustige beobachten das Verkehrschaos auf der Straße. Dort stehen Pkws, Cabriolets, Busse, Transporter und Lastwagen dicht an dicht im Stau. Autofahrer hupen, wechseln, ohne zu blinken, die Spuren und missachten die Vorfahrt der anderen. Ein Taxifahrer übersieht den Zebrastreifen und fährt, ohne auf die Fußgänger zu achten, hinüber. Ein VW-Fahrer bremst scharf – er hat das vor ihm stehende Taxi zu spät gesehen. Ein Motorradfahrer lenkt sein Motorrad vorsichtig durch die Lücken. Auch ein Rollerfahrer bewegt sich so vorwärts. Viele Verkehrsteilnehmer biegen an der Kreuzung rechts ab. Einer Zeugin wird es schließlich zu bunt. Sie alarmiert mit ihrem Handy die Polizei. Diese soll sich das Chaos anschauen, bevor sich ein Unfall ereignet und ein Personen- oder Sachschaden entsteht. Tatsächlich treffen kurze Zeit später die Beamten ein. Die Polizisten protokollieren die Verkehrssituation und merken an: So ist die Piazza Venezia bei Nacht.

2 Unterstreiche alle Verben im Text rot. Schreibe 10 Verben im Infinitiv (Grundform) und im Präteritum (Vergangenheit) auf.

schlafen – er schlief,

3 Unterstreiche alle Verkehrsteilnehmer im Text auf Seite 12 grün.
Schreibe sie auf.

Fußgänger,

4 Unterstreiche alle Fahrzeuge im Text auf Seite 12 blau.
Schreibe sie auf.

Pkws,

5 Unterstreiche noch andere Wörter, die zur Thematik Straße und Verkehr gehören, im Text auf Seite 12. Schreibe wenigstens 10 Wörter auf.

Gehweg,

1 Sieh dir die Bilderfolge genau an. Kreise wichtige Informationen ein.

2 Ein Polizist protokolliert die Zeugenaussagen. Bringe sie in die richtige Reihenfolge. Nummeriere.

- Eine Dame ist mit ihrem Hund spazieren gegangen. Der hat auf der anderen Straßenseite eine Katze gesehen und hat sich dann ganz plötzlich losgerissen!

- **1** Der Unfall hat sich gegen halb vier auf der Europaallee ereignet.

- Der Hund ist einfach über die Fahrbahn gerannt!

- Der VW-Fahrer dahinter hat nicht mehr rechtzeitig bremsen können und ist auf den Pkw aufgefahren.

- Ein Pkw-Fahrer hat sehr scharf gebremst.

- Durch den Unfall ist wohl keiner verletzt worden. Ich habe aber gehört, dass ein Sachschaden von etwa 2 800,- € entstanden sei.

- Während die Hundehalterin den Hund beruhigt hat, hat ein älterer Herr die Polizei alarmiert.

Bilderfolge analysieren, Aussagen ordnen

3 Schreibe zu dem Unfall auf Seite 14 einen Bericht in der richtigen Reihenfolge.
Entscheide dich für eine treffende Überschrift. Kreuze an.
Achte beim Schreiben besonders auf die Zeitform. Beachte die Hinweise des Wegweisers.

☐ Hund jagt Katze ☐ Auffahrunfall

☐ Verkehrsunfall in der Europaallee

Überschrift
(Art des Unfalls und Ort)

Einleitung
- Wann? ☐
- Was? ☐
- Wo? ☐
- Wer? ☐

Hauptteil
Unfallhergang

Warum? Wie kam es zu dem Unfall? ☐

Reihenfolge ☐

Zeit: Präteritum
(Vergangenheit) ☐

Wiederholungen vermeiden ☐

Fachbegriffe ☐

Schluss
Welche Folgen hatte der Unfall?
(Personen-/Sachschaden, Verletzungen …) ☐

4 Hast du die Hinweise des Wegweisers beachtet? Wenn ja, dann ✓.

Einen Unfallbericht schreiben

1. Lies dir den Unfallbericht durch. Was fällt dir auf?
Unterstreiche die Ausdrücke, die nicht in einen Bericht gehören.

Rasant unterwegs

Gestern ereignete sich ein Unfall an der Ecke Römerstraße und Keltenweg. Das war so – Moment, heute ist der 14. März – gestern gegen 11.00 Uhr.

Ein Typ mit blonden Haaren kurvte mit überhöhter Geschwindigkeit in seinem Golf – echt coole Karre – die Römerstraße entlang. Dabei übersah er, dass eine Alte, die mit ihrer Rostlaube unterwegs war, von rechts aus dem Keltenweg kam. Die wollte nach rechts in die Römerstraße abbiegen. Die Alte rief noch: „Achtung, hier gilt rechts vor links, ich habe Vorfahrt!" Aber der Typ konnte nicht mehr rechtzeitig bremsen. Er erfasste die von rechts kommende Rostlaube am hinteren Kotflügel. Mann, das schepperte!

Aber zum Glück gab's da einen Gaffer, der die Bullen alarmierte. Diese trafen nach kurzer Zeit am Unfallort ein. Ist aber alles halb so wild! Es wurde keiner verletzt. Allein die Karren sind ein wenig eingedellt. Der Sachschaden soll wohl bei insgesamt 3 100 Mücken liegen.

2. Dennoch enthält der Unfallbericht wichtige Informationen.
Kreuze alle richtigen Antworten und Skizzen an.

a) Wann ereignete sich der Unfall?
☐ am 12. März gegen 11.00 Uhr
☒ am 13. März gegen 11.00 Uhr

b) Was hat sich ereignet?
☐ ein Fahrradunfall
☐ ein Verkehrsunfall

c) Wo hat es sich ereignet?
☐ Ecke Keltengasse / Römerpfad
☐ Ecke Römerstraße / Keltenweg

d) Wer war daran beteiligt?
☐ Mann / Golffahrer ☐ älterer Herr
☐ Frau / Pkw-Fahrerin ☐ Fahrradfahrer

e) Warum?
Wie kam es zu dem Unfall?

f) Welche Folgen hatte der Unfall?
☐ viele Verletzte ☐ keine Verletzten
☐ Sachschaden von ☐ kein Sachschaden
etwa 3 100 €

3 Schreibe den Unfallbericht von Seite 16 korrigiert auf.
Beachte die Hinweise des Wegweisers.

Überschrift
(Art des Unfalls und Ort)

Einleitung

Wann? ☐
Was? ☐
Wo? ☐
Wer? ☐

Hauptteil
Unfallhergang

Warum?
Wie kam es ☐
zu dem Unfall?

Reihenfolge ☐

Zeit: Präteritum ☐
(Vergangenheit)

Wiederholungen vermeiden ☐

Fachbegriffe ☐

Schluss

Welche Folgen hatte der Unfall?
(Personen-/Sachschaden, ☐
Verletzungen …)

4 Hast du die Hinweise des Wegweisers beachtet? Wenn ja, dann ☑.

Einen Unfallbericht schreiben

Der 2. Schreibmeister

1 Sieh dir die Bilderfolge genau an. Kreise wichtige Informationen ein.

2 Lies dir die Zeugenaussagen zu dem Unfall durch. Streiche überflüssige Aussagen.

- Alle Personen sind wohlauf.
- Das Fahrzeug sah noch recht neu aus!
- Der Pkw-Fahrer ist von links auf den Parkplatz des Supermarktes gefahren gekommen. Das war so gegen fünf.
- Beide Fahrzeuge sind beschädigt worden. Ich würde den Sachschaden auf etwa 2 000 € schätzen.
- Ich habe den Unfall beobachtet und sofort die Polizei alarmiert.
- Der Fahrer wollte nach links in die Parklücke einparken.
- Der Fahrer hat wahrscheinlich die Größe der Parklücke überschätzt.
- Vor Aufregung habe ich total vergessen, was ich einkaufen wollte.
- ~~Ich habe mich sehr erschreckt!~~
- Das rechts stehende Auto wurde am hinteren Kotflügel gerammt.
- Heute ist der 03. Juli.

3 Schreibe zu dem Unfall auf Seite 18 einen sachlichen Unfallbericht.
Nimm die Zeugenaussagen von Aufgabe 2 zu Hilfe. Achte dabei auf die Zeitform.
Beachte die Hinweise des Wegweisers.

Überschrift ☐
(Art des Unfalls und Ort)

Einleitung
- Wann? ☐
- Was? ☐
- Wo? ☐
- Wer? ☐

Hauptteil
Unfallhergang

Warum?
Wie kam es
zu dem Unfall? ☐

Reihenfolge ☐

Zeit: Präteritum ☐
(Vergangenheit)

Wiederholungen vermeiden ☐

Fachbegriffe ☐

Schluss
Welche Folgen hatte der Unfall?
(Personen-/Sachschaden,
Verletzungen …) ☐

4 Hast du die Hinweise des Wegweisers beachtet?
Wenn ja, dann ☑.

Du hast ___ von 11 Punkten beachtet und abgehakt.

> Eine **Inhaltsangabe** fasst einen Text kurz zusammen.
> Hierbei werden die **wesentlichen Informationen** sachlich, objektiv und knapp wiedergegeben. Sie beinhaltet **keine wörtliche Rede**, orientiert sich an der Handlungsreihenfolge des vorgegebenen Textes und wird im **Präsens** (Gegenwart) und in verständlicher Sprache verfasst.
> Eine Inhaltsangabe soll dem Leser ermöglichen, sich schnell einen **Überblick** über den Inhalt eines Textes zu verschaffen.

1 Lies dir den Text zweimal genau durch.
Streiche beim zweiten Lesen alle überflüssigen Wörter durch.

~~Es lebe~~ Europa!

Der ~~wunderschöne~~ Kontinent Europa umfasst mit der Türkei und Russland ~~momentan~~ 47 voneinander unabhängige Staaten. Einige europäische Länder haben sich zudem zu einem „Verbund" zusammengeschlossen und sind Mitgliedstaaten der Europäischen Union (EU). Jede Nation in Europa verfügt über eine eigene ~~nennenswerte~~ Kultur, eine alte Tradition und über lustige Bräuche oder Gesetze.

So ist es verboten, in Schweizer Wohnungen nach 22 Uhr die ~~laut plätschernde~~ Toilettenspülung zu betätigen und in Frankreich sein ~~noch so niedliches~~ Hausschwein Napoleon zu nennen.

Der winzige Staat Vatikanstadt ist ein Zwergstaat innerhalb der ~~berühmten~~ italienischen Hauptstadt Rom. Er ist die letzte absolute Monarchie Europas, ist mit ~~unfassbaren~~ 0,44 Quadratkilometern der kleinste Staat der Welt und ~~interessanterweise~~ der einzige mit Latein als Amtssprache.

In Deutschland kann man eine „Tote Oma" essen. So heißt aufgrund der Farbe ein ostdeutsches Gericht aus ~~leckeren~~ Kartoffeln, ~~köstlicher~~ Blutwurst und ~~schmackhaftem~~ Sauerkraut.

In Finnland gibt es ~~verrückte~~ Wettbewerbe, wie z. B. im Ehefrauentragen oder im Handyweitwurf. Der Weltrekord von Ere Karjalainen liegt hier bei ~~unglaublichen~~ 101,46 Metern.

In Schweden wirft man den Weihnachtsbaum nach dem ~~schönen~~ Fest aus dem Fenster.

Und in dem ~~schönen~~ Land Italien produziert man jährlich aus ~~frischen~~ Eiern, Mehl, Wasser und Salz etwa 3,3 Millionen Tonnen Nudeln.

2 Jedes europäische Land hat eine eigene Nationalhymne.
Lies dir die Informationstexte jeweils zweimal durch.
Unterstreiche die wichtigsten Wörter und Informationen.

① Weißt du, warum die Spanier bei ihrer wunderschönen Nationalhymne nie mitsingen? Die Antwort ist ganz einfach! Die spanische Hymne hat keinen Text.

② Äußerst kurios ist auch die Gemeinsamkeit, die die englische Hymne mit der von Liechtenstein verbindet. So haben die Hymnen „God Save the Queen" und „Oben am jungen Rhein" die gleiche Melodie.

③ Während die kürzesten Nationalhymnen von Japan und Jordanien jeweils nur 4 Zeilen haben, stammt die längste Hymne aus einem europäischen Land. So besteht die griechische Nationalhymne tatsächlich aus unglaublichen 158 Strophen. Allerdings werden davon nur zwei Strophen gesungen.

3 Ordne dem Haupttext (Primärtext) von Aufgabe 2 die passende Zusammenfassung (Sekundärtext) zu.

○ Japan und Jordanien haben mit jeweils 4 Zeilen die kürzeste Nationalhymne. Griechenland hat mit 158 Strophen dagegen die längste. Hiervon werden jedoch nur zwei Strophen gesungen.

○ Bei der spanischen Nationalhymne wird nicht mitgesungen, da sie keinen Text hat.

○ Die Nationalhymnen von Liechtenstein und England haben die gleiche Melodie.

Primär- und Sekundärtexte zuordnen

Wer eine gute Inhaltsangabe schreiben möchte, muss mit dem Text arbeiten. Mach dich zuerst mit dem Text **vertraut**. **Lies** ihn dir **wenigstens zweimal** durch, damit du den Sinn des Textes verstehst. **Unterstreiche** beim zweiten Lesen wichtige Textstellen – aber nur einzelne Wörter und keine ganzen Sätze!

1 Lies dir den Sachtext zweimal genau durch.
   Unterstreiche beim zweiten Mal wichtige Wörter und Kerninformationen.

Die deutsche Nationalhymne

Die Geschichte der deutschen Nationalhymne begann am 26. August 1841 auf der Nordseeinsel Helgoland. Hier dichtete Heinrich Hoffmann von Fallersleben die drei Strophen des „Deutschlandliedes". Als Melodie zum Text wurde die Kaiserhymne von Joseph Haydn genommen. Das „Deutschlandlied" wurde aber erst nach dem Ersten Weltkrieg, im Jahr 1922, zur Nationalhymne ernannt.

Mit der Machtübernahme der Nationalsozialisten 1933 wurde die 1. Strophe des Liedes als Hymne eingeführt. Nach dem Ende des Zweiten Weltkrieges 1945 wurde jedoch das Singen der 1. Strophe und damit der gesamten Hymne verboten. So wollte man verhindern, dass der Text „Deutschland, Deutschland über alles. Über alles in der Welt" an den Größenwahn der Nationalsozialisten erinnerte. Von nun an hatte Deutschland keine offizielle Hymne mehr.

Dies führte 1950 zu einer peinlichen Situation. So wurde bei einem Fußballländerspiel gegen die Schweiz nur die Schweizer Hymne gespielt. Danach kam es zu Ehren der deutschen Mannschaft zu einer Schweigeminute. Es wurde exakt eine Minute lang geschwiegen, da die Deutschen keine Hymne hatten. Nach diesem Ereignis beschloss man, dass von nun an stets die 3. Strophe des Deutschlandliedes als Nationalhymne gesungen werden sollte.

Dass die Bürger den Text dieser Strophe noch nicht kannten, zeigte sich, als Deutschland kurz darauf, im Jahr 1954, Fußballweltmeister wurde. Als die Hymne zur Pokalübergabe ertönte, sangen die deutschen Fans voller Freude die 1. Strophe mit.
Es war wohl das letzte Mal, dass diese Strophe des Liedes öffentlich gesungen wurde.

Auch nach der Wiedervereinigung Deutschlands beschloss man 1991, dass die 3. Strophe des Deutschlandliedes als Nationalhymne beibehalten werden sollte.

B. Ruprecht

Einleitung — Zu Beginn einer Inhaltsangabe (in der Einleitung) werden immer die **Textsorte** (z. B. Sachtext, Fabel …), der **Titel** und der **Autor** des Textes genannt. Danach fasst man in ein bis zwei Sätzen die **Hauptaussage** des Textes zusammen.

2 Ergänze mithilfe des Textes auf Seite 22 die Einleitung.

Der Sachtext „_____"
      Textart (Art des Textes)   Titel des Textes

von _____ berichtet von der Entstehung und der
      Name des Autors/Verfassers

geschichtlichen Entwicklung des _____.
                                 Hauptinhalt (Wovon handelt der Text?)

3 Fasse nun die Kernaussagen des Textes auf Seite 22 zusammen, um den Inhalt grob wiederzugeben. Beantworte hierfür die Fragen in ganzen Sätzen.
Verwende das Präsens und schreibe auf. Hake die beantworteten Fragen ab.

- [x] Wann, wo und von wem wird der Text des „Deutschlandliedes" verfasst?
- [ ] Wann wird das „Deutschlandlied" zur Nationalhymne ernannt?
- [ ] Warum wird das Singen der 1. Strophe nach dem Zweiten Weltkrieg verboten?
- [ ] Warum singt man die 1. Strophe beim Finale einer Fußballweltmeisterschaft?
- [ ] Was beschließt man 1991 nach der Wiedervereinigung Deutschlands?

Am 26. August 1841 verfasst Heinrich Hoffmann von Fallersleben die drei Strophen des „Deutschlandliedes" auf der Insel Helgoland.

Kriterien Einleitung, Kernaussagen im Präsens formulieren

Verschiedene Verben helfen, die Einleitung zu einer Inhaltsangabe zu schreiben. Ich benutze dafür gerne Verben wie *informieren, berichten, beschreiben, erzählen, erfahren, um etwas gehen, von etwas handeln ...*

1 Notiere zwei verschiedene Einleitungssätze.
Achte auf die Merkmale einer Einleitung von Seite 23.
Denke daran, unterschiedliche Verben zu benutzen.

Der Sachtext „Die Deutsche Nationalhymne" von B. Ruprecht informiert über

2 Eine Inhaltsangabe wird immer in der Zeitform Präsens (Gegenwart) geschrieben.
Setze den Text komplett ins Präsens.

> Aus Großbritannien kommen viele Erfinder. Der englische Erfinder James Dyson tüftelte fünf Jahre lang an seinem Staubsauger. Der Schotte Alexander Graham Bell erfand 1876 das Telefon. Das erste Computerprogramm wurde von der Engländerin Ada Lovelace im 19. Jahrhundert geschrieben und John Baird präsentierte 1925 seinen Fernseher in einem Londoner Kaufhaus.

Aus Großbritannien kommen viele Erfinder.

24 — Eine Einleitung formulieren, einen Text ins Präsens setzen

3 Manchmal kann man wichtige Informationen unter Oberbegriffen zusammenfassen. Finde Oberbegriffe. Ergänze sie.

a) In Barcelonas Markthallen gibt es nicht nur Trauben, Bananen und Orangen, sondern auch Paprika, Kohl und Brokkoli.

> Obst und Gemüse

b) Ein schwedisches Einrichtungshaus ist bekannt für seine Regale, Tische, Stühle und Schränke.

c) In Europa werden der Mercedes, BMW, Porsche, Lamborghini und Ferrari entwickelt.

d) Die Italiener essen gerne Spaghetti, Tortellini, Makkaroni, Fettuccine und Farfalle.

In einer Inhaltsangabe darfst du **keine direkte** (wörtliche) **Rede** verwenden. Wenn eine direkte Rede jedoch für den Text wichtig ist, musst du sie in eine indirekte Rede umwandeln.
- Die indirekte Rede kannst du mit „dass" oder ohne „dass" bilden. Verwendest du „dass", dann steht das Verb am Ende des Satzes.
- Verbformen müssen angepasst werden (Konjunktiv): er hat → er habe
- Oft musst du auch die Pronomen (ich, er, mein, ihr …) ändern.

Timo sagt: „Ich gehe essen und Oma kommt mit." → Timo sagt, dass er essen gehe und Oma mitkomme.

---

4 Wandle die direkte Rede in die indirekte Rede um.
Verwende folgende Verben: meinen, behaupten, feststellen

Peer sagt: „Ich laufe gern."

_____

Susi sagt: „2 + 2 ergibt 8."

_____

Adnan sagt: „Wenn wir noch drei Tore machen, wird unsere Mannschaft Meister."

_____

_____

Oberbegriffe finden, Merkmale der indirekten Rede anwenden

1 Die griechische Sage erzählt, wie der Kontinent Europa zu seinem Namen kam.
Lies dir die Sage zweimal genau durch.
Unterstreiche beim zweiten Mal wichtige Wörter und Kerninformationen.

Von Zeus und Europa

Agenor, der König der Phönizier, hatte eine wunderschöne Tochter namens Europa. Sie war überall für ihre Tierliebe und außergewöhnliche Schönheit bekannt.

So war ihrer Schönheit auch der Göttervater Zeus verfallen und er beschloss, sie mithilfe einer List zu entführen, um sie für sich zu haben. Daher verwandelte sich Zeus in einen prächtigen, kraftvollen Stier. Als Europa das wundervolle Tier entdeckte, näherte sie sich ihm vertrauensvoll und war überwältigt von seiner zahmen und zutraulichen Art. So wagte sie es sogar, sich auf den Rücken des Stieres zu setzen. Dieser hatte nur darauf gewartet und erhob sich schnell, um mit ihr davonzugaloppieren. Europa klammerte sich voller Angst an den Stier, als er mit ihr in die Fluten des Mittelmeeres sprang und bis zur Insel Kreta schwamm.

An Land gab sich Zeus zu erkennen, indem er wieder seine normale Gestalt annahm. Zudem gestand er Europa seine Liebe und versprach ihr, dass ihr gemeinsames Leben einen guten und glücklichen Verlauf nehmen würde.
Gemeinsam bekamen sie drei fast göttergleiche Söhne.

Der Kontinent, zu dem die Insel Kreta gehörte und auf dem sie lebten, wurde zu Ehren der Prinzessin nach ihr benannt und heißt seitdem Europa.

2 Beantworte die Fragen zu dem Text.

a) Welche Textart liegt hier vor? __Sage__

b) Nenne zwei Dinge, für die die Prinzessin Europa bekannt war.
_____

c) Warum entführte Zeus das Mädchen?
_____

d) Mit welcher List entführte Zeus Europa?
_____

e) Was geschah auf der Insel Kreta?
_____

f) Welche Ehre wurde Europa zuteil?
_____

3 Verfasse eine Inhaltsangabe der Sage auf Seite 26.
Beachte die Hinweise des Wegweisers.

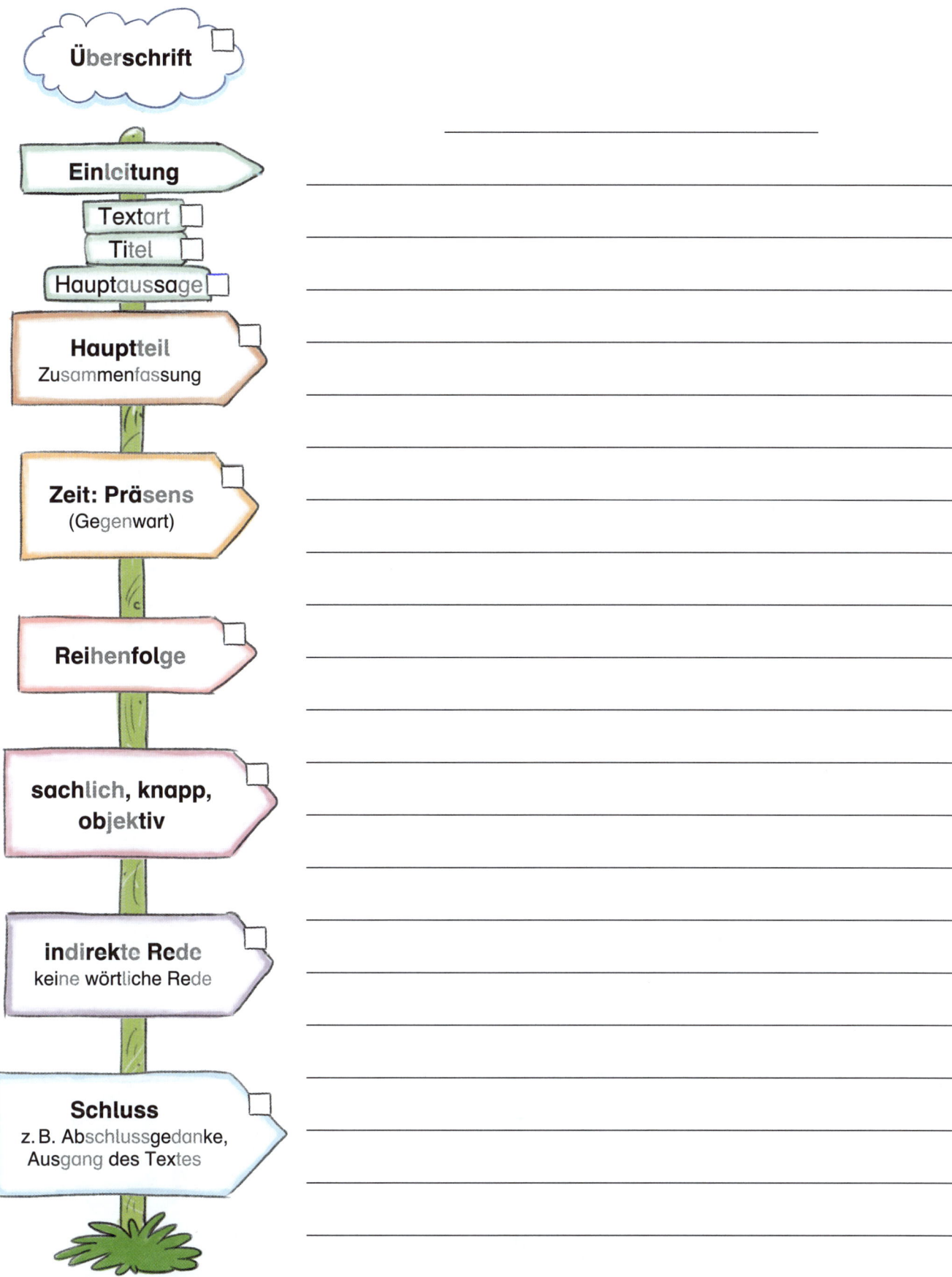

4 Hast du die Hinweise des Wegweisers beachtet? Wenn ja, dann ☑.

1 Lies dir die Kurzgeschichte „Un acqua per favore" von T. Müller zweimal durch. Unterstreiche beim zweiten Mal wichtige Wörter und Kerninformationen.

Un acqua per favore

Herr Hermann ließ sich lässig und bewusst gelangweilt wirkend auf dem Stuhl eines kleinen italienischen Straßencafés nieder. Er schlug die „la Repubblica" – eine der bedeutendsten Tageszeitungen Italiens – auf und versuchte sie zu lesen. Doch er lugte immer wieder über die Seitenkante. Voller Neugier beobachtete Hermann die Leute auf dem vor ihm liegenden Platz.

Hermann reiste oft. Städte waren seine Leidenschaft. Doch es war ihm wichtig so aufzutreten, als wäre er ein Einheimischer. Sehr genau bereitete er sich auf seine Reisen, auf die Gewohnheiten der Länder vor, um nicht als Urlauber aufzufallen. Er hatte sich angewöhnt, durch die Städte zu eilen. Er wusste, dass die Einheimischen – vom Alltag bestimmt – alle hetzten. Allein Touristen schlenderten langsam durch die City. Herr Hermann trug auch stets gepflegte, zugegebenermaßen nicht immer bequeme, Schuhe und Kleider. Denn so sah er nicht wie ein lässig gekleideter Urlauber aus.

Sein Blick fiel abschätzig auf die Gruppe Touristen, die soeben wahllos jedes Gebäude auf dem Platz fotografierte, welches irgendwie wichtig aussah. Hermann faltete die Zeitung zusammen und schaute mit perfekt eingeübter, ernster Miene auf sein Smartphone. Er wollte nicht lächeln, wenn der Kellner ihn gleich nach seiner Bestellung fragen würde. Touristen lächelten immer, während sie in der U-Bahn oder in einem Café saßen. Für Hermann war das ein klares Zeichen: Wer lächelt, muss nicht zur Arbeit, der sitzt freiwillig in der Bahn oder im Café. Der hat Urlaub.

Deshalb versuchte er ernst auszusehen, als er nahezu perfekt wie ein richtiger Italiener „Un acqua per favore" beim Kellner bestellte. Hermann zuckte zusammen, als sich dieser an ihn wandte und akzentfrei fragte: „Mit oder ohne Kohlensäure?"

2 Verfasse eine Inhaltsangabe der Kurzgeschichte auf Seite 28.
Beachte die Hinweise des Wegweisers.

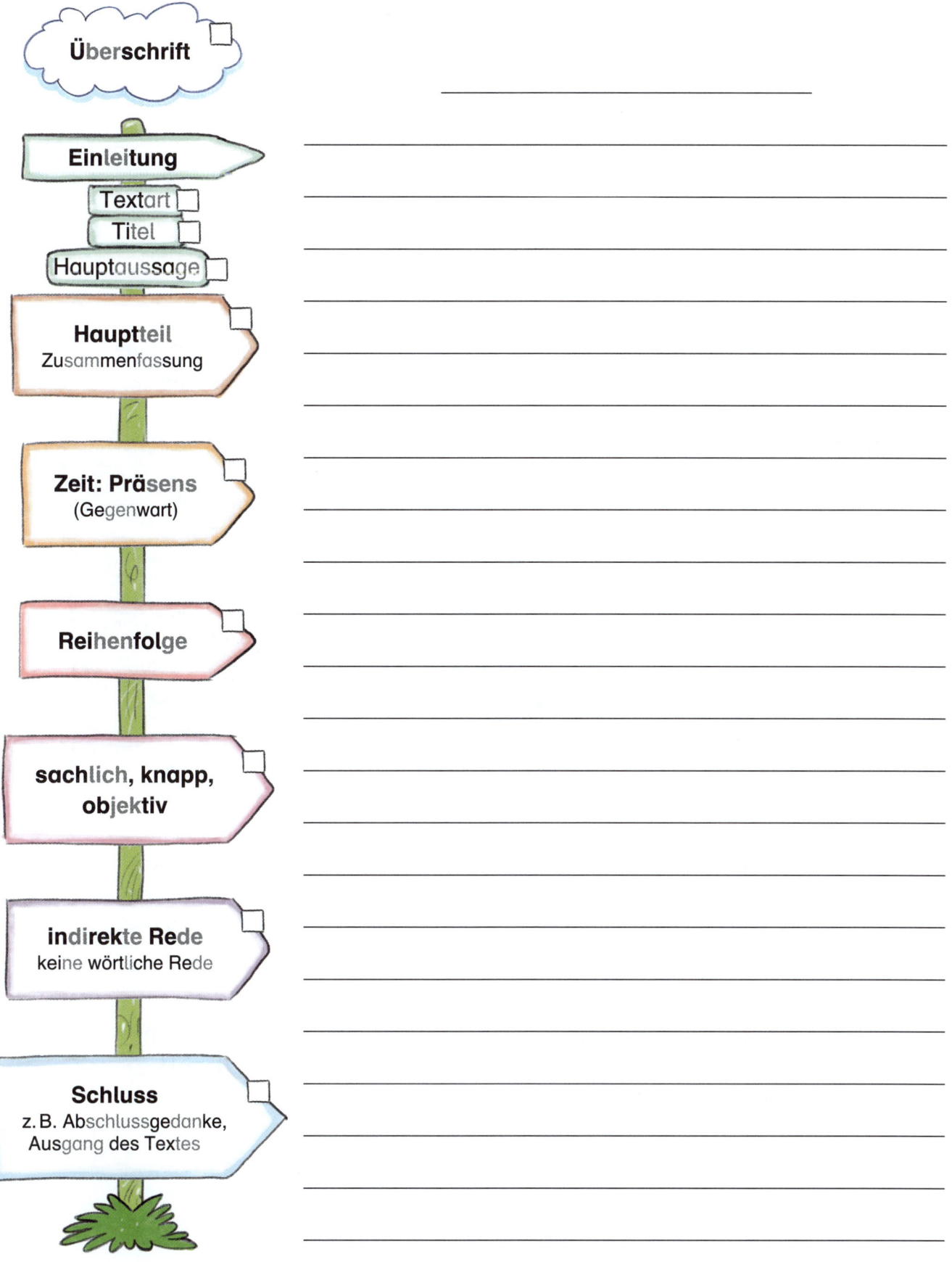

3 Hast du die Hinweise des Wegweisers beachtet? Wenn ja, dann ☑.

Der 3. Schreibmeister

1. Lies dir den Sachtext „Die Europaflagge" von B. Ruprecht zweimal durch. Unterstreiche beim zweiten Mal wichtige Wörter und Informationen.

Die Europaflagge

Zwölf goldene Sterne auf blauem Hintergrund. Die Europaflagge: ein Symbol, das jeder kennt. Aber welche Bedeutung hat die Flagge, zumal jedes Land Europas ja noch seine eigene Nationalflagge hat?

Die Geschichte dieser europäischen Fahne reicht bis in das Jahr 1955 zurück. Europa hatte zwei große Weltkriege hinter sich und die europäischen Länder näherten sich gerade friedlich an. So versuchten die Politiker vieler europäischer Nationen, im Europarat Probleme gemeinsam zu lösen und sich zusammen für den Schutz der Menschenrechte sowie die Förderung der europäischen Kultur einzusetzen. Es war ein neuer Bund entstanden, der als gemeinsames Symbol eine Fahne haben sollte.

Es gab viele verschiedene Vorschläge, wie die Flagge aussehen sollte, aber das Motiv der Sterne auf blauem Hintergrund setzte sich letztendlich durch.
Hierbei symbolisiert die Farbe Blau den Himmel und die in einem Kreis angeordneten Sterne stehen für die Einheit und Zusammengehörigkeit der verschiedenen Völker Europas. Auch über die Anzahl der Sterne machte man sich Gedanken. Wie viele sollten es sein? Schließlich entschied man sich für zwölf Sterne, die stellvertretend für alle europäischen Länder und die Werte Solidarität, Ordnung und Harmonie stehen sollten. Im Jahr 1985 wurde diese Flagge auch als offizielles Symbol der Europäischen Union (EU) angenommen. Seitdem findet man die Fahne in vielen Ländern Europas.

In Deutschland sind fast alle öffentlichen Gebäude neben der National- oder Bundesflagge auch mit der Europaflagge beflaggt. Das blaue Symbol mit den zwölf Sternen findet man zudem auf vielen offiziellen Gegenständen der EU wie z. B. auf Autokennzeichen, auf Grenzschildern oder der gemeinsamen Währung, dem Euro.

2 Verfasse eine Inhaltsangabe des Sachtextes auf Seite 30.
Beachte die Hinweise des Wegweisers.

- Überschrift
- **Einleitung**
  - Textart
  - Titel
  - Hauptaussage
- **Hauptteil**
  Zusammenfassung
- **Zeit: Präsens**
  (Gegenwart)
- **Reihenfolge**
- **sachlich, knapp, objektiv**
- **indirekte Rede**
  keine wörtliche Rede
- **Schluss**
  z. B. Abschlussgedanke,
  Ausgang des Textes

3 Hast du die Hinweise des Wegweisers beachtet?
Wenn ja, dann ☑.

Du hast ___ von 10 Punkten beachtet und abgehakt.

> In einer **Gegenstandsbeschreibung** wird ein Gegenstand **präzise**, also ganz genau, und **sachlich** beschrieben. Dabei wird eine Reihenfolge vom Allgemeinen zum Detail eingehalten.
> Um möglichst genau zu beschreiben, werden **Fachbegriffe** verwendet. Der Text wird im **Präsens** (Gegenwart) verfasst und vermeidet persönliche Bewertungen.
> Auch der **Verwendungszweck** des Gegenstandes wird kurz erklärt.

1 Welcher Bleistift wird beschrieben? Lies dir die Beschreibung genau durch. Kreuze den beschriebenen Stift an.

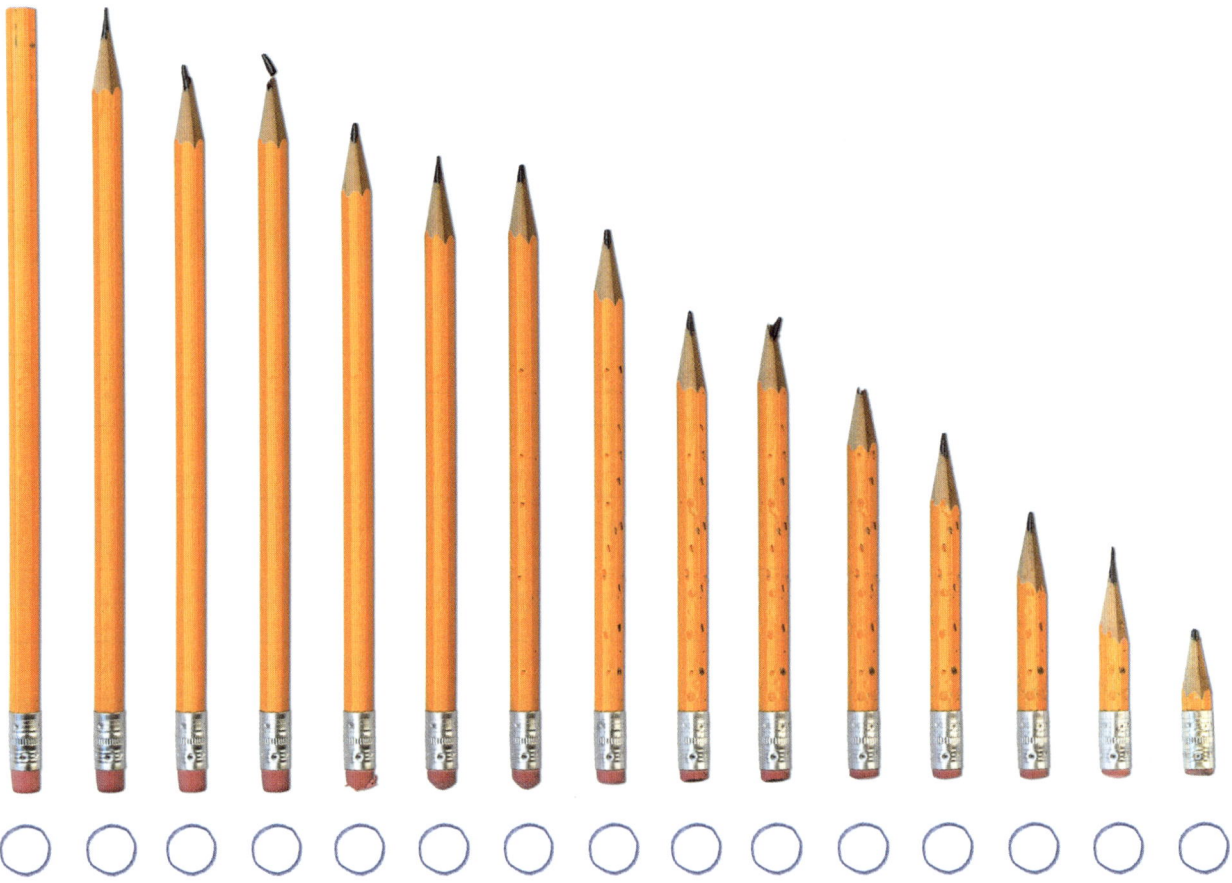

Der Bleistift

Der Bleistift, mit dem man schreiben oder zeichnen kann, ist lang und in einem hellen Gelb lackiert.
Der Stift hat einen Durchmesser von etwa 0,5 cm.
Am Ende des Bleistiftes befindet sich ein rosafarbener, kleiner Radiergummi, der noch nicht abgenutzt ist. Er steckt in einer silbernen Halterung aus Metall.
Das Hauptmaterial des Stiftes ist Holz. Im Inneren der Holzummantelung befindet sich die Mine, mit der man schreiben kann.
Das Besondere an diesem Stift ist, dass er noch nicht angespitzt wurde.

Das Übungsheft Texte schreiben 6 – Lösungen (Seite 4–7)

In diesem Übungsheft wirst du immer wieder einem **Wegweiser** begegnen.
Die einzelnen Pfeile zeigen dir Schritt für Schritt, **welche Kriterien (Dinge) du beim Schreiben beachten musst.**
Diese Angaben helfen dir, einen guten Text zu planen und zu schreiben.

1 Jeder Wegweiser besteht, wie auch ein Text, aus vier Hauptteilen. Ordne die Bausteine dem Wegweiser zu. Verbinde.

- **Überschrift** — Sie steht über dem Text. Sie soll Aufmerksamkeit erregen, ohne dabei zu viel vom Inhalt zu verraten.
- **Einleitung** — Sie steht am Anfang und leitet mit wenigen Sätzen in das Geschehen ein.
- **Hauptteil** — Er ist der längste Teil des Textes. Hier passiert am meisten. In diesem Teil muss man viele Kriterien (Dinge) beachten.
- **Schluss** — Er rundet den Text kurz ab, indem zum Beispiel die Handlung und das Ergebnis zusammengefasst werden. Ohne ihn wäre der Text unvollständig.

2 Obwohl jeder Text eigene Merkmale hat, unterscheidet man zwischen zwei größeren Textarten: den Sachtexten und den erzählenden Texten. Ordne zu. Verbinde.

- **Sachtext:** Bauanleitung, Rezept, Beschreibung
- **erzählender Text:** Märchen, Fabel, Kriminalgeschichte

3 Der Hauptteil ist der längste Teil des Textes. Hier muss man viele Kriterien beachten. Ordne die Beispiele dem Wegweiser zu. Verbinde.

- **wechselnde Satzanfänge** — zuerst, dann, danach, währenddessen, obwohl, jetzt, schließlich …
- **treffende Verben** — gehen, rennen, laufen, stürmen, schleichen, bummeln, trödeln …
- **treffende Adjektive** — langsam, kariert, fuchsteufelswild, blütenweiß …
- **Erzählzeit**
- **Präsens**
- **Präteritum** — Zufrieden trottete der kleine Hund zu seinem Fressnapf. Dort schnappte er sich den Knochen.
- **Gefühle** — überglücklich, sie strahlte vor Glück, ängstlich, er bekam eine Gänsehaut …
- **Spannungsbogen und Höhepunkt** — Es war still, doch das Geräusch war deutlich zu hören. Es wurde nicht nur lauter, sondern es kam auch näher. Immer näher und näher. Und plötzlich …!
- **wörtliche Rede** — „Für mich? Ein Geschenk?" Sina lachte: „Ja, nur für dich! Komm, mach auf. Ich möchte sehen, ob es dir gefällt."
- **Ausrufe** — Das darf doch nicht wahr sein! Was für ein Anblick!
- **Fragen** — Doch was war das? Kennst du das auch?

---

1 Ordne die Adjektive aus dem Kästchen den einzelnen Begriffen zu. Schreibe sie auf.

stürmisch, kariert, wasserfest, fleißig, blau, regnerisch, eisig, hilfsbereit, organisiert, günstig, blond, sonnig

- **Wetter:** stürmisch, regnerisch, eisig, sonnig
- **Kleidung:** kariert, wasserfest, blau, günstig
- **Hausmeister:** fleißig, hilfsbereit, organisiert, blond

2 Suche die neun Satzanfänge. Markiere sie.

zuerst, dann, zuletzt, mittlerweile, jetzt, plötzlich, darauf, währenddessen, nun

3 „Schuh ist nicht gleich Schuh". Verwende Fachausdrücke. Schreibe sie auf.

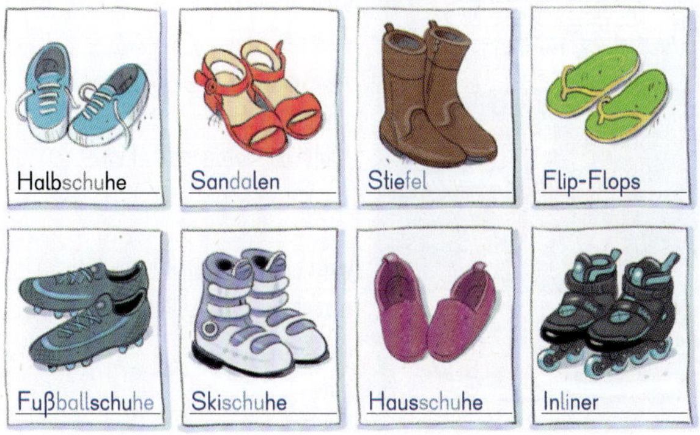

Halbschuhe, Sandalen, Stiefel, Flip-Flops, Fußballschuhe, Skischuhe, Hausschuhe, Inliner

4 Schreibe die Ergebnisse von Aufgabe 1 bis 3 hinter den richtigen Pfeil. Beachte die Hinweise des Wegweisers.

- **treffende Adjektive** ✓
  - Wetter: stürmisch, regnerisch, eisig, sonnig
  - Kleidung: kariert, wasserfest, blau, günstig
  - Hausmeister: fleißig, hilfsbereit, organisiert, blond
- **wechselnde Satzanfänge** ✓ — zuerst, dann, zuletzt, mittlerweile, jetzt, plötzlich, darauf, währenddessen, nun
- **Fachbegriffe** ✓ — Halbschuhe, Sandalen, Stiefel, Flip-Flops, Fußballschuhe, Skischuhe, Hausschuhe, Inliner

5 Überprüfe. Hast du die Hinweise des Wegweisers beachtet? Wenn ja, dann hake die Kästchen in Aufgabe 4 ab ✓.

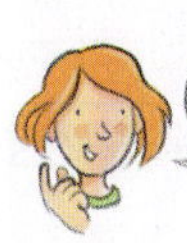

Denke immer daran, einen Text genau und gewissenhaft zu überprüfen.

Das Übungsheft Texte schreiben 6 – Lösungen (Seite 8–11)

Der 1. Schreibmeister

1 Füge die Redewendungen richtig zusammen. Verbinde.

- auf der Leitung — stehen
- keiner Fliege etwas — zuleide tun
- keinem ein Haar — krümmen
- sich wie im siebten Himmel — fühlen

2 Trenne in der Wörterschlange die Gefühle voneinander.

wütend|froh|munter|begeistert|glücklich|enttäuscht|ärgerlich|beleidigt|zornig|gereizt|fuchsteufelswild|zufrieden|vergnügt|beruhigt|nervös|gerührt

3 Manche Texte muss man sachlich schreiben. Welche Wörter machen diese Sätze unsachlich? Streiche sie durch.

a) Der Hund besaß ein ~~wunderhübsches~~, braunes Fell.
b) Der ~~verträumte~~ Autofahrer übersah die rote Ampel.
c) Die Stürmerin schoss ein ~~fantastisches~~ Tor.
d) Europa umfasst 47 ~~einzigartige~~ Staaten.

4 Setze folgende Sätze in die wörtliche Rede.

a) Der Polizist fragt, wer den Dieb gesehen hat.
Der Polizist fragt: „Wer hat den Dieb gesehen?"

b) Der Lehrer sagt, dass es heute keine Hausaufgaben gibt.
Der Lehrer sagt: „Heute gibt es keine Hausaufgaben."

5 Ergänze die fehlenden Angaben. Schreibe die Ergebnisse von Aufgabe 1 bis 4 hinter den richtigen Pfeil. Beachte die Hinweise des Wegweisers.

Überschrift

Die **Einleitung** leitet kurz in den Text ein.

Der **Hauptteil** ist der längste Teil des Textes. Hier werden Inhalte ausführlich beschrieben.

Redewendungen: auf der Leitung stehen, keiner Fliege etwas zuleide tun, keinem ein Haar krümmen, sich wie im siebten Himmel fühlen

Gefühle: wütend, froh, munter, begeistert, glücklich, enttäuscht, ärgerlich, beleidigt, zornig, gereizt, fuchsteufelswild, zufrieden, vergnügt, beruhigt, nervös, gerührt

sachlich: Der Hund besaß ein braunes Fell. Der Autofahrer übersah die rote Ampel. Die Stürmerin schoss ein Tor. Europa umfasst 47 Staaten.

wörtliche Rede: Der Polizist fragt: „Wer hat den Dieb gesehen?" Der Lehrer sagt: „Heute gibt es keine Hausaufgaben."

Der **Schluss** rundet den Text ab.

Du hast ___ von 52 Aufgaben richtig gelöst.

Ein Bericht informiert **genau**, **sachlich** und **knapp** über ein **vergangenes Ereignis**. Damit nur über das Wichtigste informiert wird, werden die „7 W-Fragen" zur Orientierung genommen:

- **Einleitung** – gibt einen kurzen Überblick über das Ereignis
  - Wann?
  - Was?
  - Wo?
  - Wer?
- **Hauptteil** – informiert genau über den Ablauf des Geschehens
  - Wie?
  - Warum?
- **Schluss** – berichtet über die Folgen des Ereignisses
  - Welche Folgen?

Ausschmückungen, Urteile, Gefühle und wörtliche Rede gehören **nicht** in einen Bericht!

1 Ordne die Antworten zu. Schreibe sie hinter den richtigen Pfeil.

in der Stadt Mengen | vergangenen Samstag | Landeswettbewerb im Laufen | kämpfte sich nach vorne | Mädchen lag zurück | überholte alle anderen Läufer | Zarah (11) | qualifizierte sich für Bundesfinale in Berlin | lief als Erste ins Ziel ein

Einleitung
- Wann hat es sich ereignet? — vergangenen Samstag
- Was hat sich ereignet? — Landeswettbewerb im Laufen
- Wo hat es sich ereignet? — in der Stadt Mengen
- Wer war daran beteiligt? — Zarah (11)

Hauptteil
- Wie/Warum ist das Ereignis abgelaufen? — Mädchen lag zurück, kämpfte sich nach vorne, überholte alle anderen Läufer, lief als Erste ins Ziel ein

Schluss
- Welche Folgen hat es? — qualifizierte sich für Bundesfinale in Berlin

2 In der Zeitung erschien folgender Bericht. Überprüfe, ob die „7 W-Fragen" berücksichtigt wurden. Unterstreiche die Textstellen und streiche die beantworteten Fragen durch.

> **Elfjährige gewinnt Landeswettbewerb**
>
> Am vergangenen Samstag fand der Landeswettbewerb im Langstreckenlauf in Mengen statt, an dem die 11-jährige Zarah teilnahm. Nach anfänglichen Startschwierigkeiten lag Zarah zunächst zurück. Doch die Läuferin kämpfte sich zielstrebig nach vorne, überholte die anderen Läufer und gelangte schließlich als Erste ins Ziel. Durch ihren Sieg als Gruppenerste qualifizierte sich das Mädchen für den Bundeswettbewerb, der im Sommer in Berlin stattfinden wird.

Wann? | Wo? | Was? | Wie/Warum? | Wer? | Welche Folgen?

3 Auch Malte, Faris und Leni haben an einem Wettbewerb teilgenommen. Sieh dir das Bild genau an. Kreise die Informationen ein, die für einen Bericht wichtig sind. Schreibe in Stichwörtern alle Antworten auf die „W-Fragen" auf.

- Wann? 15. Dezember
- Was? Lesewettbewerb
- Wo? in der Aula
- Wer? 6. Klassen
- Wie? Warum? Kinder lasen vor. Leni 3. Platz, Faris 2. Platz, Malte ist Gewinner, 1. Platz
- Welche Folgen? Schulsieger (Malte) nimmt am Stadtwettbewerb teil.

Das Übungsheft Texte schreiben 6 – Lösungen (Seite 12–15)

1 Lies dir den Text durch.

Die Piazza Venezia bei Nacht

Wenn schon viele schlafen, dann erwacht die Piazza Venezia in Rom zum Leben. Die Fußgänger flanieren auf den Gehwegen oder Bürgersteigen, Schaulustige beobachten das Verkehrschaos auf der Straße. Dort stehen Pkws, Cabriolets, Busse, Transporter und Lastwagen dicht an dicht im Stau. Autofahrer hupen, wechseln, ohne zu blinken, die Spuren und missachten die Vorfahrt der anderen. Ein Taxifahrer übersieht den Zebrastreifen und fährt, ohne auf die Fußgänger zu achten, hinüber. Ein VW-Fahrer bremst scharf – er hat das vor ihm stehende Taxi zu spät gesehen. Ein Motorradfahrer lenkt sein Motorrad vorsichtig durch die Lücken. Auch ein Rollerfahrer bewegt sich so vorwärts. Viele Verkehrsteilnehmer biegen an der Kreuzung rechts ab. Einer Zeugin wird es schließlich zu bunt. Sie alarmiert mit ihrem Handy die Polizei. Diese soll sich das Chaos anschauen, bevor sich ein Unfall ereignet und ein Personen- oder Sachschaden entsteht. Tatsächlich treffen kurze Zeit später die Beamten ein. Die Polizisten protokollieren die Verkehrssituation und merken an: So ist die Piazza Venezia bei Nacht.

2 Unterstreiche alle Verben im Text rot. Schreibe 10 Verben im Infinitiv (Grundform) und im Präteritum (Vergangenheit) auf.

schlafen – er schlief, erwachen – sie erwachte, flanieren – er flanierte, beobachten – sie beobachtete, stehen – er stand, hupen – sie hupte, wechseln – er wechselte, blinken – sie blinkte, missachten – er missachtete, übersehen – sie übersah

(Beispiellösung)

3 Unterstreiche alle Verkehrsteilnehmer im Text auf Seite 12 grün. Schreibe sie auf.

Fußgänger, Schaulustige, Autofahrer, Taxifahrer, VW-Fahrer, Motorradfahrer, Rollerfahrer, Verkehrsteilnehmer, Zeugin, Beamten, Polizisten

4 Unterstreiche alle Fahrzeuge im Text auf Seite 12 blau. Schreibe sie auf.

Pkws, Cabriolets, Busse, Transporter, Lastwagen, Taxi, Motorrad

5 Unterstreiche noch andere Wörter, die zur Thematik Straße und Verkehr gehören, im Text auf Seite 12. Schreibe wenigstens 10 Wörter auf.

Gehweg, Bürgersteig, Verkehrschaos, Straße, Stau, Spuren, Vorfahrt, Zebrastreifen, Lücken, Kreuzung

(Beispiellösung)

---

1 Sieh dir die Bilderfolge genau an. Kreise wichtige Informationen ein.

2 Ein Polizist protokolliert die Zeugenaussagen. Bringe sie in die richtige Reihenfolge. Nummeriere.

 Eine Dame ist mit ihrem Hund spazieren gegangen. Der hat auf der anderen Straßenseite eine Katze gesehen und hat sich dann ganz plötzlich losgerissen! **2**

 Der Unfall hat sich gegen halb vier auf der Europaallee ereignet. **1**

Der Hund ist einfach über die Fahrbahn gerannt! **3**

 Der VW-Fahrer dahinter hat nicht mehr rechtzeitig bremsen können und ist auf den Pkw aufgefahren. **5**

Ein Pkw-Fahrer hat sehr scharf gebremst. **4**

 Durch den Unfall ist wohl keiner verletzt worden. Ich habe aber gehört, dass ein Sachschaden von etwa 2 800,- € entstanden sei. **7**

Während die Hundehalterin den Hund beruhigt hat, hat ein älterer Herr die Polizei alarmiert. **6**

3 Schreibe zu dem Unfall auf Seite 14 einen Bericht in der richtigen Reihenfolge. Entscheide dich für eine treffende Überschrift. Kreuze an. Achte beim Schreiben besonders auf die Zeitform. Beachte die Hinweise des Wegweisers.

☐ Hund jagt Katze ☐ Auffahrunfall
☒ Verkehrsunfall in der Europaallee

(Beispiellösung)

Gestern ereignete sich gegen 15.30 Uhr ein Verkehrsunfall auf der Europaallee, an dem zwei Autos beteiligt waren.

Eine Dame ging mit ihrem Hund spazieren. Dieser entdeckte auf der gegenüberliegenden Straßenseite eine Katze, riss sich los und rannte über die Fahrbahn. Ein herankommender Pkw-Fahrer bremste scharf. Der folgende VW-Fahrer konnte nicht mehr rechtzeitig bremsen und fuhr auf den Pkw auf. Während die Hundehalterin den Hund beruhigte, alarmierte ein älterer Herr, der Zeuge des Unfalls wurde, die Polizei.

Bei dem Unfall wurde keiner verletzt. Jedoch entstand ein Sachschaden von insgesamt 2 800,- €.

4 Hast du die Hinweise des Wegweisers beachtet? Wenn ja, dann ☒.

Das Übungsheft Texte schreiben 6 – Lösungen (Seite 16–19)

Seite 16

1 Lies dir den Unfallbericht durch. Was fällt dir auf? Unterstreiche die Ausdrücke, die nicht in einen Bericht gehören.

Rasant unterwegs

Gestern ereignete sich ein Unfall an der Ecke Römerstraße und Keltenweg. <u>Das war so – Moment, heute ist der 14. März – gestern gegen 11.00 Uhr.</u>
Ein <u>Typ</u> mit <u>blonden Haaren kurvte</u> mit überhöhter Geschwindigkeit in seinem Golf – <u>echt coole Karre</u> – die Römerstraße entlang. Dabei übersah er, dass <u>eine Alte</u>, die mit ihrer <u>Rostlaube</u> unterwegs war, von rechts aus dem Keltenweg kam. Die wollte nach rechts in die Römerstraße abbiegen. <u>Die Alte rief noch: „Achtung, hier gilt rechts vor links, ich habe Vorfahrt!"</u> Aber der <u>Typ</u> konnte nicht mehr rechtzeitig bremsen. Er erfasste die von rechts kommende <u>Rostlaube</u> am hinteren Kotflügel. <u>Mann, das schepperte!</u>
<u>Aber zum Glück gab's da einen Gaffer</u>, der die <u>Bullen</u> alarmierte. Diese trafen nach kurzer Zeit am Unfallort ein. <u>Ist aber alles halb so wild!</u> Es wurde keiner verletzt. Allein <u>die Karren</u> sind ein wenig eingedellt. Der Sachschaden soll wohl bei insgesamt 3100 <u>Mücken</u> liegen.

2 Dennoch enthält der Unfallbericht wichtige Informationen. Kreuze alle richtigen Antworten und Skizzen an.

a) Wann ereignete sich der Unfall?
☐ am 12. März gegen 11.00 Uhr
☒ am 13. März gegen 11.00 Uhr

b) Was hat sich ereignet?
☐ ein Fahrradunfall
☒ ein Verkehrsunfall

c) Wo hat es sich ereignet?
☐ Ecke Keltengasse / Römerpfad
☒ Ecke Römerstraße / Keltenweg

d) Wer war daran beteiligt?
☒ Mann / Golffahrer ☐ älterer Herr
☒ Frau / Pkw-Fahrerin ☐ Fahrradfahrer

e) Warum? Wie kam es zu dem Unfall?
☒ (erste Skizze) ☐ (zweite Skizze)

f) Welche Folgen hatte der Unfall?
☐ viele Verletzte ☒ keine Verletzten
☒ Sachschaden von etwa 3100 € ☐ kein Sachschaden

Seite 17

3 Schreibe den Unfallbericht von Seite 16 korrigiert auf. Beachte die Hinweise des Wegweisers.

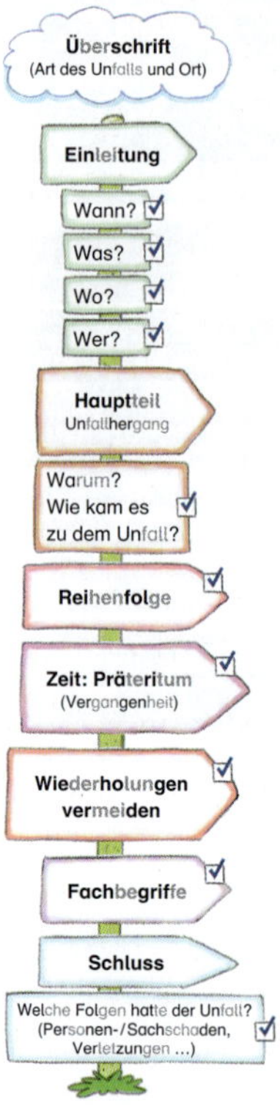

(Beispiellösung)

Überschrift (Art des Unfalls und Ort)
Verkehrsunfall an der Kreuzung Römerstraße / Keltenweg

Einleitung (Wann? Was? Wo? Wer?)
Am 13. März ereignete sich gegen 11.00 Uhr ein Verkehrsunfall auf der Römerstraße, Ecke Keltenweg, an dem zwei Pkws beteiligt waren.

Hauptteil – Unfallhergang (Warum? Wie kam es zu dem Unfall? Reihenfolge, Zeit: Präteritum, Wiederholungen vermeiden, Fachbegriffe)
Ein Golffahrer fuhr mit überhöhter Geschwindigkeit die Römerstraße entlang. Er übersah eine von rechts aus dem Keltenweg kommende Pkw-Fahrerin und missachtete ihre Vorfahrt. Da der Golffahrer nicht mehr rechtzeitig bremsen konnte, erfasste er den Pkw am hinteren, linken Kotflügel. Ein Passant, der Zeuge des Unfalls wurde, alarmierte die Polizei.

Schluss (Welche Folgen hatte der Unfall? Personen-/Sachschaden, Verletzungen …)
Es wurde niemand verletzt. Beide Fahrzeuge waren beschädigt und es entstand ein Sachschaden von insgesamt 3100 €.

4 Hast du die Hinweise des Wegweisers beachtet? Wenn ja, dann ☑.

Seite 18

Der 2. Schreibmeister

1 Sieh dir die Bilderfolge genau an. Kreise wichtige Informationen ein.

2 Lies dir die Zeugenaussagen zu dem Unfall durch. Streiche überflüssige Aussagen.

- <s>Alle Personen sind wohlauf.</s>
- <s>Das Fahrzeug sah noch recht neu aus!</s>
- Der Pkw-Fahrer ist von links auf den Parkplatz des Supermarktes gefahren gekommen. Das war so gegen fünf.
- Beide Fahrzeuge sind beschädigt worden. Ich würde den Sachschaden auf etwa 2000 € schätzen.
- Ich habe den Unfall beobachtet und sofort die Polizei alarmiert.
- Der Fahrer wollte nach links in die Parklücke einparken.
- Der Fahrer hat wahrscheinlich die Größe der Parklücke überschätzt.
- <s>Vor Aufregung habe ich total vergessen, was ich einkaufen wollte.</s>
- <s>Ich habe mich sehr erschreckt!</s>
- Das rechts stehende Auto wurde am hinteren Kotflügel gerammt.
- Heute ist der 03. Juli.

Seite 19

3 Schreibe zu dem Unfall auf Seite 18 einen sachlichen Unfallbericht. Nimm die Zeugenaussagen von Aufgabe 2 zu Hilfe. Achte dabei auf die Zeitform. Beachte die Hinweise des Wegweisers.

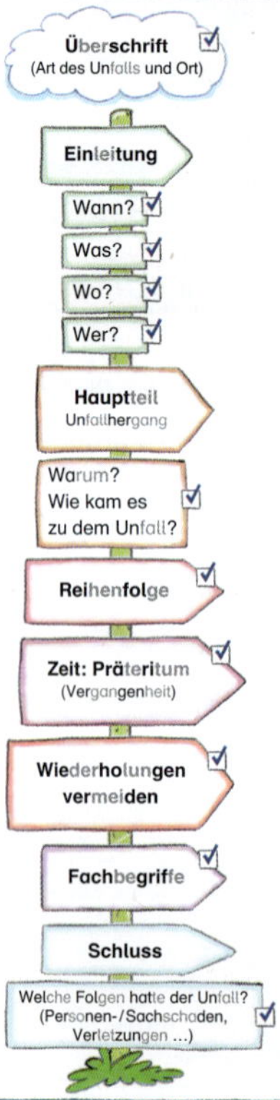

(Beispiellösung)

Überschrift (Art des Unfalls und Ort)
Parkunfall auf dem Supermarktparkplatz

Einleitung (Wann? Was? Wo? Wer?)
Am 3. Juli ereignete sich gegen 17.00 Uhr ein Einparkunfall auf dem Parkplatz des Supermarktes, an dem zwei Pkw beteiligt waren.

Hauptteil – Unfallhergang (Warum? Wie kam es zu dem Unfall? Reihenfolge, Zeit: Präteritum, Wiederholungen vermeiden, Fachbegriffe)
Ein von links kommender Pkw-Fahrer wollte in eine sich auf der linken Seite befindenden Parklücke einparken. Dabei überschätzte er die Größe der Parkgelegenheit und rammte beim Einparken das rechts stehende Auto am linken hinteren Kotflügel. Eine Augenzeugin alarmierte die Polizei, die wenig später am Unfallort eintraf.

Schluss (Welche Folgen hatte der Unfall? Personen-/Sachschaden, Verletzungen …)
Alle am Unfall beteiligten Personen blieben unverletzt. Es entstand jedoch ein Sachschaden an beiden Fahrzeugen von insgesamt 2000 €.

4 Hast du die Hinweise des Wegweisers beachtet? Wenn ja, dann ☑.

Du hast ___ von 11 Punkten beachtet und abgehakt.

> Eine **Inhaltsangabe** fasst einen Text kurz zusammen.
> Hierbei werden die **wesentlichen Informationen** sachlich, objektiv und knapp wiedergegeben. Sie beinhaltet **keine wörtliche Rede**, orientiert sich an der Handlungsreihenfolge des vorgegebenen Textes und wird im **Präsens** (Gegenwart) und in verständlicher Sprache verfasst.
> Eine Inhaltsangabe soll dem Leser ermöglichen, sich schnell einen **Überblick** über den Inhalt eines Textes zu verschaffen.

1 Lies dir den Text zweimal genau durch.
Streiche beim zweiten Lesen alle überflüssigen Wörter durch.

> **Es lebe Europa!**
>
> Der wunderschöne Kontinent Europa umfasst mit der Türkei und Russland momentan 47 voneinander unabhängige Staaten. Einige europäische Länder haben sich zudem zu einem „Verbund" zusammengeschlossen und sind Mitgliedstaaten der Europäischen Union (EU). Jede Nation in Europa verfügt über eine eigene nennenswerte Kultur, ohne alte Tradition und über lustige Bräuche oder Gesetze.
>
> So ist es verboten, in Schweizer Wohnungen nach 22 Uhr die laut plätschernde Toilettenspülung zu betätigen und in Frankreich sein noch so niedliches Hausschwein Napoleon zu nennen.
>
> Der winzige Staat Vatikanstadt ist ein Zwergstaat innerhalb der berühmten italienischen Hauptstadt Rom. Er ist die letzte absolute Monarchie Europas, ist mit unfassbaren 0,44 Quadratkilometern der kleinste Staat der Welt und interessanterweise der einzige mit Latein als Amtssprache.
>
> In Deutschland kann man eine „Tote Oma" essen. So heißt aufgrund der Farbe ein ostdeutsches Gericht aus lockeren Kartoffeln, köstlicher Blutwurst und schmackhaftem Sauerkraut.
>
> In Finnland gibt es verrückte Wettbewerbe, wie z.B. im Ehefrauentragen oder im Handyweitwurf. Der Weltrekord von Ere Karjalainen liegt hier bei unglaublichen 101,46 Metern.
>
> In Schweden wirft man den Weihnachtsbaum nach dem schönen Fest aus dem Fenster.
>
> Und in dem schönen Land Italien produziert man jährlich aus frischen Eiern, Mehl, Wasser und Salz etwa 3,3 Millionen Tonnen Nudeln.

2 Jedes europäische Land hat eine eigene Nationalhymne.
Lies dir die Informationstexte jeweils zweimal durch.
Unterstreiche die wichtigsten Wörter und Informationen.

> (1) Weißt du, warum die Spanier bei ihrer wunderschönen Nationalhymne nie mitsingen? Die Antwort ist ganz einfach! Die spanische Hymne hat keinen Text.

> (2) Äußerst kurios ist auch die Gemeinsamkeit, die die englische Hymne mit der von Liechtenstein verbindet. So haben die Hymnen „God Save the Queen" und „Oben am jungen Rhein" die gleiche Melodie.

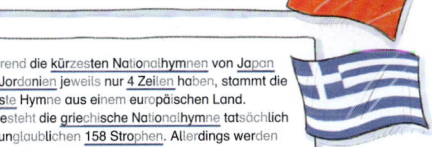

> (3) Während die kürzesten Nationalhymnen von Japan und Jordanien jeweils nur 4 Zeilen haben, stammt die längste Hymne aus einem europäischen Land. So besteht die griechische Nationalhymne tatsächlich aus unglaublichen 158 Strophen. Allerdings werden davon nur zwei Strophen gesungen.

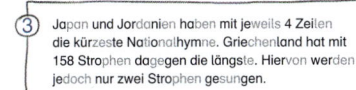

3 Ordne dem Haupttext (Primärtext) von Aufgabe 2 die passende Zusammenfassung (Sekundärtext) zu.

> (3) Japan und Jordanien haben mit jeweils 4 Zeilen die kürzeste Nationalhymne. Griechenland hat mit 158 Strophen dagegen die längste. Hiervon werden jedoch nur zwei Strophen gesungen.

> (1) Bei der spanischen Nationalhymne wird nicht mitgesungen, da sie keinen Text hat.

> (2) Die Nationalhymnen von Liechtenstein und England haben die gleiche Melodie.

> Wer eine gute Inhaltsangabe schreiben möchte, muss mit dem Text arbeiten. Mach dich zuerst mit dem Text **vertraut**. **Lies** ihn dir **wenigstens zweimal** durch, damit du den Sinn des Textes verstehst. **Unterstreiche** beim zweiten Lesen wichtige Textstellen – aber nur einzelne Wörter und keine ganzen Sätze!

1 Lies dir den Sachtext zweimal genau durch.
Unterstreiche beim zweiten Mal wichtige Wörter und Kerninformationen.

> **Die deutsche Nationalhymne**
>
> Die Geschichte der deutschen Nationalhymne begann am 26. August 1841 auf der Nordseeinsel Helgoland. Hier dichtete Heinrich Hoffmann von Fallersleben die drei Strophen des „Deutschlandliedes". Als Melodie zum Text wurde die Kaiserhymne von Joseph Haydn genommen. Das „Deutschlandlied" wurde aber erst nach dem Ersten Weltkrieg, im Jahr 1922, zur Nationalhymne ernannt.
>
> Mit der Machtübernahme der Nationalsozialisten 1933 wurde die 1. Strophe des Liedes als Hymne eingeführt. Nach dem Ende des Zweiten Weltkrieges 1945 wurde jedoch das Singen der 1. Strophe und damit der gesamten Hymne verboten. So wollte man verhindern, dass der Text „Deutschland, Deutschland über alles. Über alles in der Welt" an den Größenwahn der Nationalsozialisten erinnerte. Von nun an hatte Deutschland keine offizielle Hymne mehr.
>
> Dies führte 1950 zu einer peinlichen Situation. So wurde bei einem Fußballländerspiel gegen die Schweiz nur die Schweizer Hymne gespielt. Danach kam es zu Ehren der deutschen Mannschaft zu einer Schweigeminute. Es wurde exakt eine Minute lang geschwiegen, da die Deutschen keine Hymne hatten. Nach diesem Ereignis beschloss man, dass von nun an stets die 3. Strophe des Deutschlandliedes als Nationalhymne gesungen werden sollte.
>
> Dass die Bürger den Text dieser Strophe noch nicht kannten, zeigte sich, als Deutschland kurz darauf, im Jahr 1954, Fußballweltmeister wurde. Als die Hymne zur Pokalübergabe ertönte, sangen die deutschen Fans voller Freude die 1. Strophe mit. Es war wohl das letzte Mal, dass diese Strophe des Liedes öffentlich gesungen wurde.
>
> Auch nach der Wiedervereinigung Deutschlands beschloss man 1991, dass die 3. Strophe des Deutschlandliedes als Nationalhymne beibehalten werden sollte.
>
> B. Ruprecht

> **Einleitung** — Zu Beginn einer Inhaltsangabe (in der Einleitung) werden immer die **Textsorte** (z.B. Sachtext, Fabel …), der **Titel** und der **Autor** des Textes genannt. Danach fasst man in ein bis zwei Sätzen die **Hauptaussage** des Textes zusammen.

2 Ergänze mithilfe des Textes auf Seite 22 die Einleitung. (Beispiellösung)

Der **Sachtext** „**Die deutsche Nationalhymne**"
   Textart (Art des Textes)   Titel des Textes

von **B. Ruprecht** berichtet von der Entstehung und der
   Name des Autors/Verfassers

geschichtlichen Entwicklung des „**Deutschlandliedes**".
                              Hauptinhalt (Wovon handelt der Text?)

3 Fasse nun die Kernaussagen des Textes auf Seite 22 zusammen, um den Inhalt grob wiederzugeben. Beantworte hierfür die Fragen in ganzen Sätzen.
Verwende das Präsens und schreibe auf. Hake die beantworteten Fragen ab.

☒ Wann, wo und von wem wird der Text des „Deutschlandliedes" verfasst?
☒ Wann wird das „Deutschlandlied" zur Nationalhymne ernannt?
☒ Warum wird das Singen der 1. Strophe nach dem Zweiten Weltkrieg verboten?
☒ Warum singt man die 1. Strophe beim Finale einer Fußballweltmeisterschaft?
☒ Was beschließt man 1991 nach der Wiedervereinigung Deutschlands?

Am 26. August 1841 verfasst Heinrich Hoffmann von Fallersleben die drei Strophen des „Deutschlandliedes" auf der Insel Helgoland. 1922, nach dem Ersten Weltkrieg, wird das Lied zur Nationalhymne ernannt. Das Singen der ersten Strophe und damit der gesamten Hymne wird nach dem Zweiten Weltkrieg jedoch verboten, da man nicht mehr an den Größenwahn der Nationalsozialisten erinnern will. 1950 beschließt man, dass die 3. Strophe als Nationalhymne gesungen werden soll, damit Deutschland z.B. bei Sportveranstaltungen wieder ein Lied hat. Da dem Volk die 3. Strophe noch nicht bekannt ist, singen die Leute bei der Pokalübergabe der Fußballweltmeisterschaft 1954 noch einmal die 1. Strophe. Auch nach der Wiedervereinigung Deutschlands 1991 beschließt man, die 3. Strophe des Deutschlandliedes als Nationalhymne beizubehalten.
(Beispiellösung)

Das Übungsheft Texte schreiben 6 – Lösungen (Seite 24–27)

Verschiedene Verben helfen, die Einleitung zu einer Inhaltsangabe zu schreiben. Ich benutze dafür gerne Verben wie *informieren, berichten, beschreiben, erzählen, erfahren, um etwas gehen, von etwas handeln* ...

1 Notiere zwei verschiedene Einleitungssätze.
Achte auf die Merkmale einer Einleitung von Seite 23.
Denke daran, unterschiedliche Verben zu benutzen. (Beispiellösung)

Der Sachtext „Die Deutsche Nationalhymne" von B. Ruprecht informiert über die Entstehung und geschichtliche Entwicklung des „Deutschlandliedes".

Der Sachtext „Die Deutsche Nationalhymne" von B. Ruprecht berichtet über die Entstehung und geschichtliche Entwicklung des „Deutschlandliedes".

2 Eine Inhaltsangabe wird immer in der Zeitform Präsens (Gegenwart) geschrieben.
Setze den Text komplett ins Präsens.

> Aus Großbritannien kommen viele Erfinder. Der englische Erfinder James Dyson tüftelte fünf Jahre lang an seinem Staubsauger. Der Schotte Alexander Graham Bell erfand 1876 das Telefon. Das erste Computerprogramm wurde von der Engländerin Ada Lovelace im 19. Jahrhundert geschrieben und John Baird präsentierte 1925 seinen Fernseher in einem Londoner Kaufhaus.

Aus Großbritannien kommen viele Erfinder. Der englische Erfinder James Dyson tüftelt fünf Jahre lang an seinem Staubsauger. Der Schotte Alexander Graham Bell erfindet 1876 das Telefon. Das erste Computerprogramm wird von der Engländerin Ada Lovelace im 19. Jahrhundert geschrieben und John Baird präsentiert 1925 seinen Fernseher in einem Londoner Kaufhaus.

---

3 Manchmal kann man wichtige Informationen unter Oberbegriffen zusammenfassen. Finde Oberbegriffe. Ergänze sie.

a) In Barcelonas Markthallen gibt es nicht nur Trauben, Bananen und Orangen, sondern auch Paprika, Kohl und Brokkoli. — **Obst und Gemüse**

b) Ein schwedisches Einrichtungshaus ist bekannt für seine Regale, Tische, Stühle und Schränke. — **Möbel**

c) In Europa werden der Mercedes, BMW, Porsche, Lamborghini und Ferrari entwickelt. — **Fahrzeuge / Autos**

d) Die Italiener essen gerne Spaghetti, Tortellini, Makkaroni, Fettuccine und Farfalle. — **Nudeln**

> In einer Inhaltsangabe darfst du **keine direkte** (wörtliche) **Rede** verwenden. Wenn eine direkte Rede jedoch für den Text wichtig ist, musst du sie in eine indirekte Rede umwandeln.
> - Die indirekte Rede kannst du mit „dass" oder ohne „dass" bilden. Verwendest du „dass", dann steht das Verb am Ende des Satzes.
> - Verbformen müssen angepasst werden (Konjunktiv): er hat → er habe
> - Oft musst du auch die Pronomen (ich, er, mein, ihr ...) ändern.
>
> Timo sagt: „Ich gehe essen und Oma kommt mit." → Timo sagt, dass er essen gehe und Oma mitkomme.

4 Wandle die direkte Rede in die indirekte Rede um.
Verwende folgende Verben: *meinen, behaupten, feststellen*

Peer sagt: „Ich laufe gern."
Peer meint, dass er gerne laufe.

Susi sagt: „2 + 2 ergibt 8."
Susi behauptet, 2 + 2 ergebe 8.

Adnan sagt: „Wenn wir noch drei Tore machen, wird unsere Mannschaft Meister."
Adnan stellt fest, dass seine Mannschaft Meister werde, wenn sie noch drei Tore mache.

---

1 Die griechische Sage erzählt, wie der Kontinent Europa zu seinem Namen kam.
Lies dir die Sage zweimal genau durch.
Unterstreiche beim zweiten Mal wichtige Wörter und Kerninformationen.

> **Von Zeus und Europa**
>
> Agenor, der König der Phönizier, hatte eine wunderschöne Tochter namens Europa. Sie war überall für ihre Tierliebe und außergewöhnliche Schönheit bekannt.
>
> So war ihrer Schönheit auch der Göttervater Zeus verfallen und er beschloss, sie mithilfe einer List zu entführen, um sie für sich zu haben. Daher verwandelte sich Zeus in einen prächtigen, kraftvollen Stier. Als Europa das wundervolle Tier entdeckte, näherte sie sich ihm vertrauensvoll und war überwältigt von seiner zahmen und zutraulichen Art. So wagte sie es sogar, sich auf den Rücken des Stieres zu setzen. Dieser hatte nur darauf gewartet und erhob sich schnell, um mit ihr davonzugaloppieren. Europa klammerte sich voller Angst an den Stier, als er mit ihr in die Fluten des Mittelmeeres sprang und bis zur Insel Kreta schwamm.
>
> An Land gab sich Zeus zu erkennen, indem er wieder seine normale Gestalt annahm. Zudem gestand er Europa seine Liebe und versprach ihr, dass ihr gemeinsames Leben einen guten und glücklichen Verlauf nehmen würde.
> Gemeinsam bekamen sie drei fast göttergleiche Söhne.
>
> Der Kontinent, zu dem die Insel Kreta gehörte und auf dem sie lebten, wurde zu Ehren der Prinzessin nach ihr benannt und heißt seitdem Europa.

2 Beantworte die Fragen zu dem Text.
a) Welche Textart liegt hier vor? **Sage**
b) Nenne zwei Dinge, für die die Prinzessin Europa bekannt war.
   Tierliebe, Schönheit
c) Warum entführte Zeus das Mädchen?
   Er hatte sich in ihre Schönheit verliebt.
d) Mit welcher List entführte Zeus Europa?
   Er verwandelte sich in einen Stier und entführte sie.
e) Was geschah auf der Insel Kreta?
   Zeus gab sich zu erkennen.
f) Welche Ehre wurde Europa zuteil?
   Der Kontinent wurde nach Europa benannt.

---

3 Verfasse eine Inhaltsangabe der Sage auf Seite 26.
Beachte die Hinweise des Wegweisers.

Wegweiser: Überschrift ✓ · Einleitung (Textart ✓, Titel ✓, Hauptaussage ✓) · Hauptteil Zusammenfassung · Zeit: Präsens (Gegenwart) ✓ · Reihenfolge ✓ · sachlich, knapp, objektiv · indirekte Rede, keine wörtliche Rede · Schluss z. B. Abschlussgedanke, Ausgang des Textes

(Beispiellösung)

Zeus und Europa

Die Sage „Von Zeus und Europa" erzählt, wie der Kontinent Europa zu seinem Namen kam.

Der König Agenor hat eine wunderschöne und tierliebe Tochter, die Europa heißt.
Der Göttervater Zeus ist der Schönheit Europas verfallen und beschließt, sie mithilfe einer List zu entführen. So verwandelt er sich in einen Stier. Als Europa das Tier entdeckt, setzt sie sich auf seinen Rücken. Doch da galoppiert der Stier mit ihr davon, springt ins Mittelmeer und schwimmt mit ihr bis zur Insel Kreta. Dort verwandelt sich Zeus zurück und gibt sich zu erkennen. Er verspricht Europa ein glückliches gemeinsames Leben. Die beiden bekommen drei Söhne.

Zu Ehren der Prinzessin wird der Kontinent, zu dem Kreta gehört, nach ihr benannt. Seitdem heißt er Europa.

4 Hast du die Hinweise des Wegweisers beachtet? Wenn ja, dann ✓.

Das Übungsheft Texte schreiben 6 – Lösungen (Seite 28–31)

1. Lies dir die Kurzgeschichte „Un acqua per favore" von T. Müller zweimal durch.
Unterstreiche beim zweiten Mal wichtige Wörter und Kerninformationen.

Un acqua per favore

Herr Hermann ließ sich lässig und bewusst gelangweilt wirkend auf dem Stuhl eines kleinen italienischen Straßencafés nieder. Er schlug die „la Repubblica" – eine der bedeutendsten Tageszeitungen Italiens – auf und versuchte sie zu lesen. Doch er lugte immer wieder über die Seitenkante. Voller Neugier beobachtete Hermann die Leute auf dem vor ihm liegenden Platz.

Hermann reiste oft. Städte waren seine Leidenschaft. Doch es war ihm wichtig so aufzutreten, als wäre er ein Einheimischer. Sehr genau bereitete er sich auf seine Reisen, auf die Gewohnheiten der Länder vor, um nicht als Urlauber aufzufallen. Er hatte sich angewöhnt, durch die Städte zu eilen. Er wusste, dass die Einheimischen – vom Alltag bestimmt – alle hetzten. Allein Touristen schlenderten langsam durch die City. Herr Hermann trug auch stets gepflegte, zugegebenermaßen nicht immer bequeme Schuhe und Kleider. Denn so sah er nicht wie ein lässig gekleideter Urlauber aus.

Sein Blick fiel abschätzig auf die Gruppe Touristen, die soeben wahllos jedes Gebäude auf dem Platz fotografierte, welches irgendwie wichtig aussah. Hermann faltete die Zeitung zusammen und schaute mit perfekt eingeübter, ernster Miene auf sein Smartphone. Er wollte nicht lächeln, wenn der Kellner ihn gleich nach seiner Bestellung fragen würde. Touristen lächelten immer, während sie in der U-Bahn oder in einem Café saßen. Für Hermann war das ein klares Zeichen: Wer lächelt, muss nicht zur Arbeit, der sitzt freiwillig in der Bahn oder im Café. Der hat Urlaub.

Deshalb versuchte er ernst auszusehen, als er nahezu perfekt wie ein richtiger Italiener „Un acqua per favore" beim Kellner bestellte. Hermann zuckte zusammen, als sich dieser an ihn wandte und akzentfrei fragte: „Mit oder ohne Kohlensäure?"

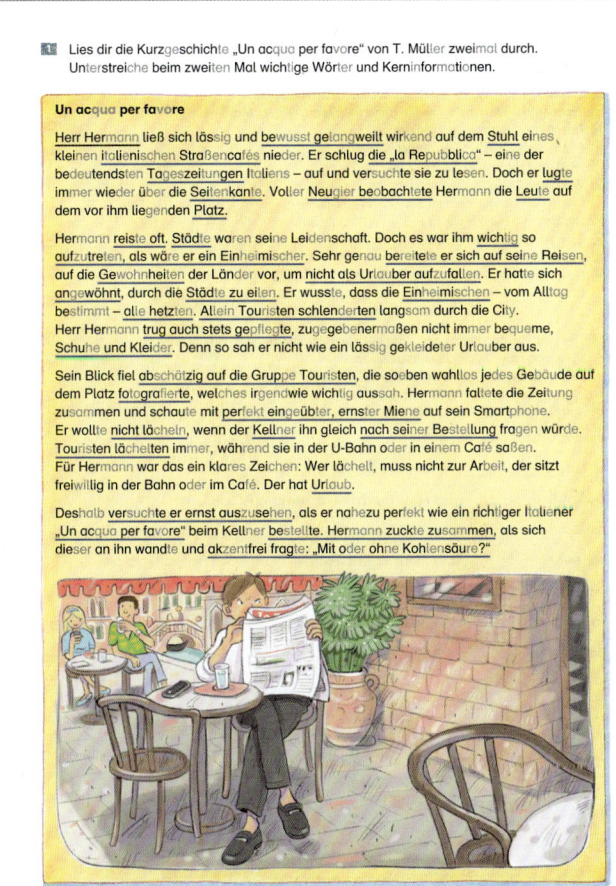

2. Verfasse eine Inhaltsangabe der Kurzgeschichte auf Seite 28.
Beachte die Hinweise des Wegweisers.

(Beispiellösung)

Überschrift ☑

Un acqua per favore

Einleitung
Textart ☑
Titel ☑
Hauptaussage ☑

Die Kurzgeschichte „Un acqua per favore" von T. Müller handelt von einem Mann, der gerne verreist, aber nicht als Urlauber erkannt werden möchte.

Hauptteil
Zusammenfassung

Herr Hermann sitzt in einem italienischen Café und liest Zeitung. Er verreist oft in Städte. Doch er möchte nicht als Tourist auffallen und versucht sich so zu verhalten wie die Einheimischen. Deshalb kleidet er sich nicht wie ein Tourist, sondern trägt unbequeme Schuhe und Kleidung. Er eilt stets durch die Straßen, da er denkt, dass nur Urlauber Zeit haben, langsam durch eine Stadt zu schlendern. Abschätzig beobachtet er die Touristen und ihr typisches Verhalten. Als der Kellner seine Bestellung aufnimmt, sagt Herr Hermann in fast akzentfreiem Italienisch, dass er gerne „un acqua" hätte.

Zeit: Präsens (Gegenwart) ☑

Reihenfolge ☑

sachlich, knapp, objektiv

indirekte Rede
keine wörtliche Rede

Schluss
z. B. Abschlussgedanke, Ausgang des Textes

Doch alle seine Bemühungen haben nichts genutzt, denn der Kellner fragt Herrn Hermann auf Deutsch, ob er das Wasser mit oder ohne Kohlensäure haben möchte.

3. Hast du die Hinweise des Wegweisers beachtet? Wenn ja, dann ☑.

Der 3. Schreibmeister

1. Lies dir den Sachtext „Die Europaflagge" von B. Ruprecht zweimal durch.
Unterstreiche beim zweiten Mal wichtige Wörter und Informationen.

Die Europaflagge

Zwölf goldene Sterne auf blauem Hintergrund. Die Europaflagge: ein Symbol, das jeder kennt. Aber welche Bedeutung hat die Flagge, zumal jedes Land Europas ja noch seine eigene Nationalflagge hat?

Die Geschichte dieser europäischen Fahne reicht bis in das Jahr 1955 zurück. Europa hatte zwei große Weltkriege hinter sich und die europäischen Länder näherten sich gerade friedlich an. So versuchten die Politiker vieler europäischer Nationen, im Europarat Probleme gemeinsam zu lösen und sich zusammen für den Schutz der Menschenrechte sowie die Förderung der europäischen Kultur einzusetzen. Es war ein neuer Bund entstanden, der als gemeinsames Symbol eine Fahne haben sollte.

Es gab viele verschiedene Vorschläge, wie die Flagge aussehen sollte, aber das Motiv der Sterne auf blauem Hintergrund setzte sich letztendlich durch. Hierbei symbolisiert die Farbe Blau den Himmel und die in einem Kreis angeordneten Sterne stehen für die Einheit und Zusammengehörigkeit der verschiedenen Völker Europas. Auch über die Anzahl der Sterne machte man sich Gedanken. Wie viele sollten es sein? Schließlich entschied man sich für zwölf Sterne, die stellvertretend für alle europäischen Länder und die Werte Solidarität, Ordnung und Harmonie stehen sollten. Im Jahr 1985 wurde diese Flagge auch als offizielles Symbol der Europäischen Union (EU) angenommen. Seitdem findet man die Fahne in vielen Ländern Europas.

In Deutschland sind fast alle öffentlichen Gebäude neben der National- oder Bundesflagge auch mit der Europaflagge beflaggt. Das blaue Symbol mit den zwölf Sternen findet man zudem auf vielen offiziellen Gegenständen der EU wie z. B. auf Autokennzeichen, auf Grenzschildern oder der gemeinsamen Währung, dem Euro.

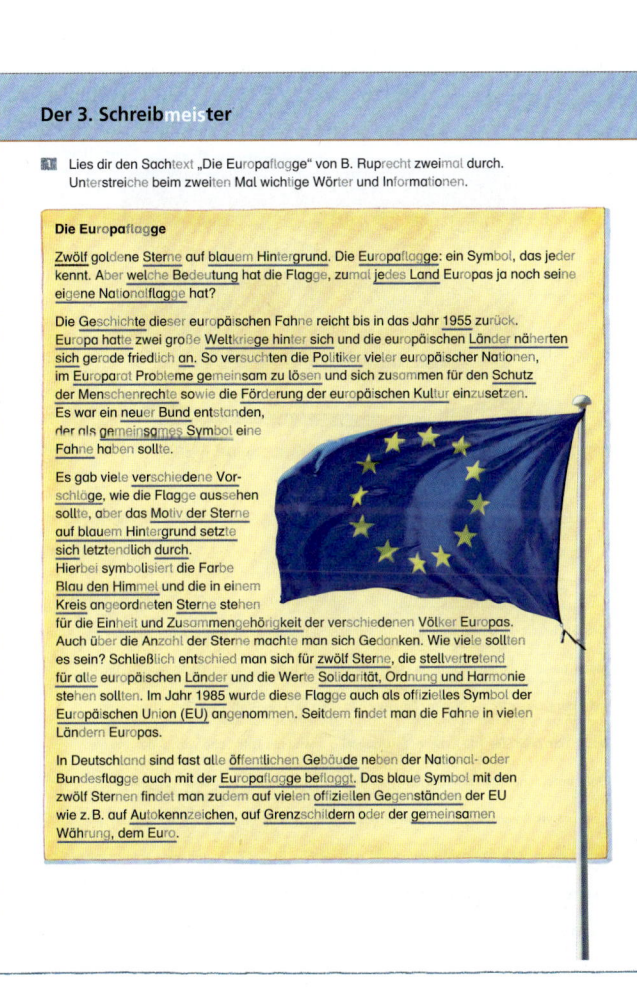

2. Verfasse eine Inhaltsangabe des Sachtextes auf Seite 30.
Beachte die Hinweise des Wegweisers.

(Beispiellösung)

Überschrift ☑

Die Europaflagge

Einleitung
Textart ☑
Titel ☑
Hauptaussage ☑

Der Sachtext „Die Europaflagge" von B. Ruprecht informiert über die geschichtliche und politische Entstehung der Europaflagge.

Hauptteil
Zusammenfassung

Die Geschichte über die Entstehung der Flagge als gemeinsames Symbol für fast alle europäischen Länder reicht bis in das Jahr 1955 zurück. Nach den beiden Weltkriegen nähern sich die Länder Europas an und versuchen im Europarat Probleme gemeinsam zu lösen und sich für Werte wie z. B. die Menschenrechte zusammen einzusetzen. Als gemeinsames Symbol für diese Einheit entscheiden sie sich für eine blaue Flagge, auf der zwölf im Kreis angeordnete Sterne sind, die stellvertretend für alle europäischen Länder stehen und Zusammengehörigkeit, Harmonie und Ordnung symbolisieren. Seit 1985 ist diese Fahne auch das Symbol für die Europäische Union. Mit ihr sind öffentliche Gebäude beflaggt und das Symbol findet man auch auf offiziellen Gegenständen wie z. B. Autokennzeichen.

Zeit: Präsens (Gegenwart)

Reihenfolge

sachlich, knapp, objektiv

indirekte Rede
keine wörtliche Rede

Schluss
z. B. Abschlussgedanke, Ausgang des Textes

3. Hast du die Hinweise des Wegweisers beachtet?
Wenn ja, dann ☑.

Das Übungsheft Texte schreiben 6 – Lösungen (Seite 32–35)

In einer **Gegenstandsbeschreibung** wird ein Gegenstand **präzise**, also ganz genau, und **sachlich** beschrieben. Dabei wird eine Reihenfolge vom Allgemeinen zum Detail eingehalten.
Um möglichst genau zu beschreiben, werden **Fachbegriffe** verwendet. Der Text wird im **Präsens** (Gegenwart) verfasst und vermeidet persönliche Bewertungen.
Auch der **Verwendungszweck** des Gegenstandes wird kurz erklärt.

1 Welcher Bleistift wird beschrieben? Lies dir die Beschreibung genau durch. Kreuze den beschriebenen Stift an.

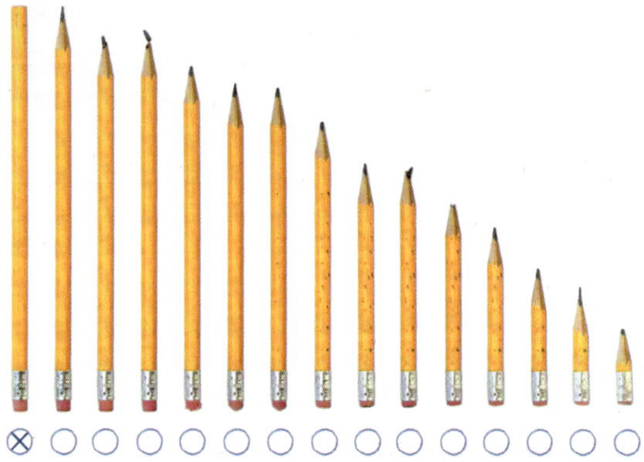

(Erster Stift angekreuzt: ⊗)

Der Bleistift
Der Bleistift, mit dem man schreiben oder zeichnen kann, ist lang und in einem hellen Gelb lackiert.
Der Stift hat einen Durchmesser von etwa 0,5 cm.
Am Ende des Bleistiftes befindet sich ein rosafarbener, kleiner Radiergummi, der noch nicht abgenutzt ist. Er steckt in einer silbernen Halterung aus Metall.
Das Hauptmaterial des Stiftes ist Holz. Im Inneren der Holzummantelung befindet sich die Mine, mit der man schreiben kann.
Das Besondere an diesem Stift ist, dass er noch nicht angespitzt wurde.

2 Lies dir die Beschreibung noch einmal durch. Welche Kriterien treffen zu? Kreuze an.

- ☒ Überschrift (der Name des Gegenstandes) ist vorhanden.
- ☒ Wesentliche Merkmale werden genannt (Farbe, Größe, Material …).
- ☒ Der Verwendungszweck wird genannt.
- ☒ Fachbegriffe werden verwendet.
- ☐ Wörtliche Rede wird berücksichtigt.
- ☒ Wechselnde Verben werden benutzt.
- ☐ Die Beschreibung steht im Perfekt (Vergangenheit).
- ☒ Die Beschreibung steht im Präsens (Gegenwart).
- ☒ Es wird sachlich beschrieben.
- ☒ Es wird genau beschrieben.
- ☒ Besondere Kennzeichen, Besonderheiten werden genannt.
- ☐ Eine eigene Wertung oder Meinung wird formuliert.

3 Beschreibe nun selbst einen der auf Seite 32 abgebildeten Bleistifte. Ergänze hierfür den Lückentext. Beachte die Kriterien von Aufgabe 2.

Der **Bleistift** (Beispiellösung)
Der Bleistift, mit dem man **schreiben** oder **zeichnen** kann, ist **kurz** und in einem **Strohgelb** lackiert.
Der **Stift** hat einen Durchmesser von etwa 0,5 cm.
Am Ende des Bleistiftes befindet sich ein **hellrosa** Radiergummi, der **sehr** abgenutzt ist. Er steckt in einer silbernen Halterung aus Metall.
Das Hauptmaterial des Stiftes ist **Holz**.
Im Inneren der Holzummantelung befindet sich die Mine, mit der man schreiben kann.
Das Besondere **an diesem Stift ist, dass seine Mine abgebrochen ist.**

---

1 Ordne die Wörter in die passenden Spalten der Tabelle ein. Die Wörterliste kann dir dann beim Schreiben einer Gegenstandsbeschreibung helfen.

Tipps und Tricks für das Verfassen einer Gegenstandsbeschreibung

Farbe	Form	Material	Oberfläche	Position	Verben
rostbraun	eckig	Beton	matt	innen	erkennen
schwarz	länglich	Glas	stumpf	oben	besteht aus
beige	rund	Baumwolle	glänzend	unten	enthalten
grün	oval	Gummi	glatt	rechts	
	lang	Stoff	hart	hinten	
	kantig	Holz	nass	links	
	quadratisch	Kunststoff	weich	neben	
	quadratisch	Keramik	trocken	Außenseite	
	kegelförmig	Stahl		Innenseite	
	spitz	Stein		Unterseite	
	kurz	Papier		Oberseite	
				außen	

Skateboard-Beschriftung: Länge: 80 cm, Breite: 20 cm, Rolle, Achse, Griptape, Deck, Nose, Tail

2 Lies dir die Gegenstandsbeschreibung durch. Entscheide dich jeweils zwischen den zwei Begriffen. Streiche den unpassenden Begriff durch.

Das **Skateboard** ~~Rollbrett~~
Das Skateboard ~~bestand~~ **besteht** aus einem mehrschichtigen, dünnen Holzbrett. Man **benutzt** ~~benutzte~~ es als Fortbewegungsmittel oder um Tricks, wie Sprünge, mit **dem Skateboard** ~~ihm~~ zu machen. ~~Es~~ **Das Brett** ist etwa 80 cm lang und 20 cm breit. Die **Oberseite** ~~Unterseite~~ wird als Trittfläche verwendet und als Deck bezeichnet. Sie ist mit einem ~~schwarzen~~ ~~silbernen~~, **rauen** ~~weichen~~ Griptape versehen. Den vorderen Teil des Brettes **nennt** ~~nannte~~ man „Nose", den hinteren „Tail". An der **braunen** ~~hellbraunen~~ Unterseite sind zwei Achsen mit jeweils zwei sonnengelben Rollen angebracht. Besonders auffällig ist der apfelgrüne, von links nach rechts verlaufende Schriftzug „Skate", der auf der Unterseite aufgedruckt ~~war~~ **ist**.

Das Übungsheft Texte schreiben 6 – Lösungen (Seite 36–39)

Seite 36

1 Sieh dir die Schuhe genau an und lies dir die Informationen durch.

- vorne: weiße, glatte, abgerundete Gummikappe
- durch jeweils 12 weiße Nieten über Kreuz gezogene, weiße Schnürsenkel
- an der Seite abgesteppt mit doppelreihigen hellen Nähten
- rundherum: geriffelter Sohlenrand
- weiße, flache Gummisohle, um die ein schwarzer Streifen verläuft
- Obermaterial: strapazierfähiger Stoff, weinrot; Größe: 38; mittig an der Innenseite: eine weiße Niete
- Besonderheit: stark verschmutzte Sohlen und schmutziger Sohlenrand
- Senkelende mit Kunststofffolie versiegelt

2 Ergänze die Tabelle. Nimm die Informationen von Aufgabe 1 zu Hilfe und erweitere mit eigenen Worten. (Beispiellösung)

Einzelteile:	je Schuh 13 Nieten, Schnürsenkel, Gummikappe, Nähte, Sohle, Senkelende, Sohlenrand
Materialien:	Stoff, Gummi, Kunststoff
Oberflächen:	strapazierfähig, schmutzig, glatt, geriffelt
Farben:	weinrot, weiß, schwarz
Position am Schuh: (z. B. oben, hinter, Außenseite)	Innenseite, vorne, mittig, rundherum, an der Seite
Verben:	durchziehen, verlaufen, absteppen, versiegeln, befinden, umwickeln, befestigen
Besonderheiten:	besonders stark verschmutzte Sohlen und Sohlenrand

Seite 37

3 Schreibe mithilfe der Abbildung, der Informationen und der Wörtersammlung von Seite 36 eine Gegenstandsbeschreibung. Beachte die Hinweise des Wegweisers.

(Beispiellösung)

Chucks / Sneaker

Bei dem Gegenstand handelt es sich um ein Paar Chucks / Sneaker, die man an den Füßen trägt.

Die weinroten Chucks haben die Größe 38. Ihr Obermaterial besteht aus strapazierfähigem Stoff und sie haben eine weiße, flache und geriffelte Gummisohle, um die ein schwarzer Streifen verläuft. Vorne befindet sich eine weiße, glatte, abgerundete Gummikappe. Die weißen Schnürsenkel, die am Ende mit Kunststofffolie versiegelt sind, sind über Kreuz durch 12 weiße Nieten gezogen. Eine weitere weiße Niete befindet sich an der Innenseite des Schuhs. Die Seiten sowie der Schuhrand sind mit doppelreihigen, hellen Nähten abgesteppt.

Diese Chucks fallen besonders durch ihre stark verschmutzte Sohle und den schmutzigen Sohlenrand auf.

4 Hast du die Hinweise des Wegweisers beachtet? Wenn ja, dann ☑.

Seite 38

1 Sieh dir den Rucksack genau an und lies dir die Informationen durch.

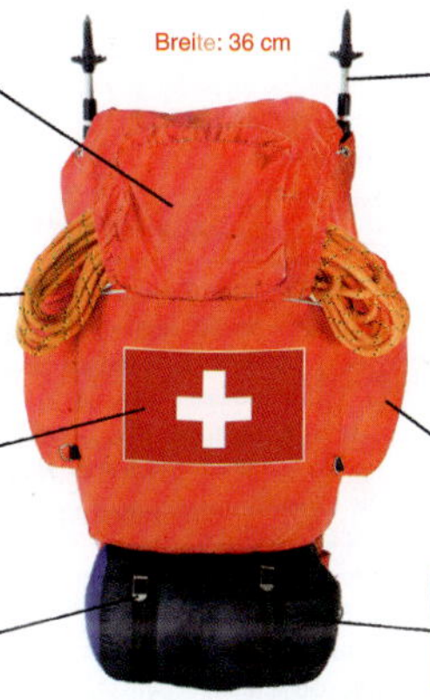

- Trekkingrucksack, Fassungsvolumen: 70 l, Obermaterial: Stoff, wasserdicht, reißfest, rot
- Breite: 36 cm
- Trekkingstöcke aus Aluminium, schwarze Kunststoffspitze
- Höhe: 84 cm
- Trekkingseil: orange, zusammengebunden
- Besonderheit: Aufnäher Flagge Schweiz
- Seitentasche
- Befestigungssystem: Schnalle aus Metall
- Schlafsack: zusammengerollt, schwarz

2 Ergänze die Tabelle. Nimm die Informationen von Aufgabe 1 zu Hilfe und erweitere mit eigenen Worten. (Beispiellösung)

Einzelteile:	Trekkingrucksack, Trekkingstöcke, Trekkingseil, Seitentasche, Schnalle, Schlafsack
Materialien:	Metall, Aluminium, Kunststoff, Stoff, Gummi
Oberflächen:	wasserdicht, reißfest
Farben:	rot, orange, schwarz, weiß
Position am Rucksack: (z. B. oben, hinter, Außenseite)	vorne, Seite, unten, hinten, Vorderseite, Rückseite
Verben:	befestigen, zusammenbinden, zusammenrollen
Besonderheiten:	Aufnäher Flagge Schweiz

Seite 39

3 Schreibe mithilfe der Abbildung, der Informationen und der Wörtersammlung von Seite 38 eine Gegenstandsbeschreibung. Beachte die Hinweise des Wegweisers.

(Beispiellösung)

Der Trekkingrucksack

Bei dem Gegenstand handelt es sich um einen Trekkingrucksack, der als Gepäckstück von Wanderern oder Bergsteigern verwendet wird.

Der Trekkingrucksack besteht aus einem roten, wasserdichten und reißfesten Stoff. Er hat ein Volumen von 70 Litern und ist 36 cm breit und 84 cm hoch. An der Seite befinden sich zwei Taschen. An der Rückseite des Rucksacks sind seitlich zwei Trekkingstöcke aus Aluminium befestigt, die schwarze Kunststoffspitzen haben. In dem Rucksack befindet sich ein oranges, zusammengebundenes Trekkingseil, welches an beiden Seiten herausragt. Zwei Befestigungssysteme mit Schnallen aus Metall halten am unteren Ende des Rucksacks einen schwarzen, zusammengerollten Schlafsack fest.

Der Trekkingrucksack fällt besonders durch einen Aufnäher auf, der die Flagge der Schweiz zeigt und an der Vorderseite aufgenäht ist.

4 Hast du die Hinweise des Wegweisers beachtet? Wenn ja, dann ☑.

Das Übungsheft Texte schreiben 6 – Lösungen (Seite 40–43)

Der 4. Schreibmeister

1 Sieh dir den Gemüsekorb genau an. Ergänze Stichwörter zur Beschreibung.

- zwei Möhren, orange, hinten
- grüne Petersilie
- Paprika, rot, linke Seite, hinter Aubergine
- Besonderheit: heraushängende Tomatenrispe
- in der Mitte, Peperoni, hellgrün
- vorne rechts, Brokkoli, grün, frisch
- tragbarer Korb, aus Weidenzweigen geflochten, mit stabilem Haltegriff, mit frischem Gemüse gefüllt

Gewicht: 3 kg

2 Ergänze die Tabelle. Beachte hierbei besonders die Lage und Farbe der einzelnen Gemüsesorten. *(Beispiellösung)*

- **Gemüsesorten** (und Stückzahl): zwei Möhren, zwei Peperoni, Brokkoli, Petersilie, Aubergine, Tomaten, zwei Paprika
- **Materialien** (z. B. Korb): Weidenzweige
- **Oberflächen:** geflochten, stabil, hart, rau, glatt, glänzend
- **Farben:** orange, sonnengelb, dunkelgrün, knallig rot, violett, hellbraun
- **Position im Korb** (z. B. oben, hinter, Außenseite): hinten, vorne, dahinter, davor, neben, darüber, dazwischen, in der Mitte, rechts, linke Seite
- **Verben:** befinden, hineinstecken, liegen, hängen, füllen
- **Besonderheiten:** Tomatenrispe hängt vorne aus dem Korb heraus

3 Schreibe mithilfe der Abbildung, der Stichwörter und der Wörtersammlung von Seite 40 eine Gegenstandsbeschreibung. Beachte die Hinweise des Wegweisers.

(Beispiellösung)

- Überschrift – Name des Gegenstandes ✓
- Einleitung – Gegenstand nennen, Verwendungszweck ✓
- Hauptteil – Beschreibung des Gegenstandes (Größe, Farbe, Material …) ✓
- Reihenfolge – Vom Allgemeinen zum Detail ✓
- genau und sachlich ✓
- Zeit: Präsens (Gegenwart) ✓
- Fachbegriffe ✓
- treffende Adjektive ✓
- abwechslungsreiche Verben ✓
- Schluss – Besonderheiten ✓

Ein Gemüsekorb

Bei dem Gegenstand handelt es sich um einen Korb, der als Behälter für Gemüse dient.

Der aus braunen Weidenzweigen geflochtene Korb hat in der Mitte einen stabilen Haltegriff und ist mit etwa 3 kg frischem Gemüse gefüllt. In der Mitte des Korbes befindet sich eine sonnengelbe, dicke Paprika. Rechts daneben liegt ein grüner Brokkoli, dahinter eine rote Tomate. Im hinteren Teil des Korbes sind eine hellgrüne Peperoni, zwei orange Möhren mit grünen, abgeschnittenen Blättern und ein Bund dunkelgrüne Petersilie. Im linken Teil erkennt man eine knallig rote Paprika und eine lange, violette Aubergine. Auf dieser liegt eine dünne, knallgelbe Peperoni.

Besonders auffällig ist die glänzende, rote Tomatenrispe. Sie ragt von der Mitte her bis vorne über den Rand des Korbes hinaus.

4 Hast du die Hinweise des Wegweisers beachtet? Wenn ja, dann ✓.

Du hast ___ von 10 Punkten beachtet und abgehakt.

Eine **Fabel** ist eine kurze, **lehrhafte** Erzählung, in der **Tiere denken, sprechen** und **menschliche Eigenschaften** haben.
In den meisten Fabeln begegnen sich zwei Tiere mit **gegensätzlichen Eigenschaften**. Dabei versucht das eine Tier, das andere mit einer **List** auszutricksen. Eine Fabel endet häufig mit einem **Lehrsatz**, der den Leser auf das falsche oder törichte Verhalten der Tiere aufmerksam macht. Da Fabeln vor mehreren hundert Jahren erzählt wurden, haben sie noch heute eine **kunstvolle, alt klingende Sprache**.

1 Lies dir die Fabel durch.

Der Löwe und der Fuchs

Ein Löwe war über die Jahre alt und gebrechlich geworden. Es kam der Tag, an dem er sich eingestehen musste, dass er zu schwach für die Jagd geworden war.
Um nicht zu verhungern, überlegte er sich eine List. Er zog sich in eine Höhle zurück und jammerte: „Ach, was bin ich für ein armes Tier. Ich bin so schwach, dass ich weder brüllen noch jagen kann. Schon bald sehe ich mein Ende kommen."

Die törichten Tiere, die den einst mächtigen und von allen gefürchteten König so klagen hörten, kamen näher, betraten die Höhle und besuchten eins nach dem anderen den Löwen. Die einen kamen aus Mitleid, andere von Neugier getrieben. Wieder andere waren schadenfroh und freuten sich, dass der gefährliche Löwe bald sterben müsse. Sie alle kamen dem Löwen recht nah und man konnte nicht beobachten, dass je eins wieder aus der Höhle herauskam. Dem Löwen aber ging es trotz seines Alters prächtig, denn noch niemals zuvor hatte er so viel zu fressen gehabt.

Eines Tages ging der schlaue Fuchs an der Höhle vorüber. Der Löwe streckte ihm seine Pranke entgegen und sprach: „Ach, wie freu ich mich dich zu sehen, Fuchs. Tritt doch noch einmal in meine Höhle hinein, um mir Lebewohl zu sagen."
Der Fuchs aber setzte sich in weitem Abstand von der Höhle nieder und erwiderte: „Ach, Löwe, du weiser König der Tiere, ich will lieber hier draußen warten, bis all deine anderen Besucher sich von dir verabschiedet haben. Denn ich sehe eine Menge Tierspuren, die in deine Höhle hineinführen, aber nicht eine einzige, die auch wieder herauskommt."

Damit erkannte der Fuchs, dass man sich in Gefahr begibt, sobald man die Höhle des Löwen betritt.

(nach Aesop)

2 Lies die Sätze genau. Kreuze die richtigen Aussagen an. Kreise den Buchstaben oder das Zeichen dahinter ein. Schreibe unten das Lösungswort auf.

1. In der Überschrift …
   - ☒ werden die Tiere mit bestimmtem Artikel genannt. **(M)**
   - ☐ wird der Handlungsort genannt. S
   - ☐ wird der Konflikt beschrieben. L

2. In der Einleitung wird …
   - ☐ erzählt, warum der Fuchs nicht in die Höhle des Löwen geht. I
   - ☐ die Lehre genannt. N
   - ☒ die Ausgangssituation beschrieben, warum der Löwe sich in die Höhle zurückzieht. **(E)**

3. In der gesamten Fabel stehen die Verben …
   - ☐ im Futur (der Zukunft). M
   - ☒ im Präteritum (der Vergangenheit). **(N)**
   - ☐ im Präsens (der Gegenwart). A

4. Die Tiere …
   - ☐ schreiben sich. R
   - ☒ sprechen miteinander. **(SCH)**
   - ☐ fauchen sich gegenseitig an. T

5. Die Sprache in der Fabel klingt …
   - ☒ kunstvoll und altmodisch. **(E)**
   - ☐ modern. S
   - ☐ schlicht und sachlich. K

6. Der Löwe und die anderen Tiere haben gegensätzliche Eigenschaften:
   - ☐ hübsch/hässlich. E
   - ☐ dick/dünn. O
   - ☒ schlau/dumm. **(N)**

7. Am Schluss der Fabel gibt es …
   - ☐ einen Witz. !
   - ☒ eine Lehre. **(.)**
   - ☐ eine offene Frage. ?

In Fabeln handeln Tiere wie M E N S C H E N .

Das Übungsheft Texte schreiben 6 – Lösungen (Seite 44–47)

Aesop ist der bekannteste Fabeldichter. Er hat vermutlich 600 v. Chr. als Sklave in Griechenland gelebt. Um unter anderem zu zeigen, dass auch der Schwache den Stärkeren besiegen kann, erfand er viele Fabeln. Da die Menschen früher nicht immer frei sprechen durften, mussten sie ihre Kritik indirekt äußern. Deshalb haben Tiere in Fabeln menschliche Eigenschaften und sprechen und handeln wie Menschen. Fabeln wurden sehr lange nur mündlich weitererzählt.

1 Welche Eigenschaft passt zu welchem Tier? Ordne zu und verbinde.

- schlau, hinterlistig, verlogen — Fuchs
- dumm, schwach, leichtgläubig — Schaf
- eitel, prächtig, elegant — Pfau
- treu, freundlich — Hund
- faul, störrisch — Esel
- königlich, mächtig, kräftig — Löwe
- klein, flink — Maus
- gierig, verfressen, verlogen — Wolf
- ängstlich, vorsichtig, vorlaut — Hase
- fleißig — Biber

2 In Fabeln begegnen sich häufig Tiere mit gegensätzlichen Eigenschaften. Finde Gegensätze auf Seite 44 und schreibe sie auf.

schlau – dumm, faul – fleißig,
kräftig – schwach,
verlogen – leichtgläubig,
störrisch – freundlich

3 Der Schluss einer Fabel beinhaltet oft eine Lebensweisheit, aus der der Leser etwas lernen soll. Füge die Lehrsätze zusammen und finde die passende Bedeutung. Male die drei zusammengehörigen Felder in der gleichen Farbe an.

Satzanfang	Satzende	Bedeutung
Wer zuletzt lacht, …	lacht am besten.	Erst am Schluss stellt sich heraus, wer wirklich Recht und Grund zum Lachen hat.
Eine Hand …	wäscht die andere.	Jemand erweist einem im Gegenzug einen Gefallen.
Wer anderen eine Grube gräbt …	fällt selbst hinein.	Übermut und Selbstüberschätzung lassen einen meist scheitern.
Übermut …	tut selten gut.	Das Übel, was man jemandem angetan hat, bekommt man selbst zu spüren.
In der Ruhe …	liegt die Kraft.	Wer sich Zeit für eine Aufgabe nimmt, kann oft mehr erreichen als jemand, der hetzt.
Lieber den Spatz in der Hand …	als die Taube auf dem Dach.	Gib dich mit dem zufrieden, was du haben kannst, bevor du auf etwas hoffst, was du nicht bekommen wirst.

1 Viele Wörter, die in Fabeln vorkommen, hören sich kunstvoll, ein wenig altmodisch oder einfach nur „fabelhaft" an. Ordne die Wörter in die entsprechenden Zeilen der Tabelle ein.

sprechen, erwidern, prahlen, übertreiben, unaufrichtig, erblicken, wandeln, durchtrieben, töricht, wunderschön, anmerken, äußern, listig, entgegnen, sich aufblähen, einbilden, schwindeln, hinterlistig, klug, heuchlerisch, unehrlich, eilen, flanieren, wundervoll, stolzieren, scharfsinnig, bezaubernd, einfältig, prächtig, wegbegeben, elegant, gerissen, mustern, scheinheilig, aufschneiden, zurückgeben, versichern, plaudern, klagen, jammern, dämlich, stilvoll, unbedarft, vollkommen

- **sagen:** sprechen, anmerken, äußern, versichern, plaudern, klagen, jammern
- **antworten:** erwidern, entgegnen, zurückgeben
- **angeben:** prahlen, übertreiben, sich aufblähen, einbilden, aufschneiden
- **verlogen/lügen:** unaufrichtig, schwindeln, hinterlistig, heuchlerisch, unehrlich, scheinheilig
- **sehen:** erblicken, mustern
- **gehen:** wandeln, eilen, flanieren, stolzieren, wegbegeben
- **schlau:** durchtrieben, listig, klug, scharfsinnig, gerissen
- **dumm:** töricht, dämlich, einfältig, unbedarft
- **schön:** wunderschön, bezaubernd, prächtig, stilvoll, elegant, wundervoll, vollkommen

2 Lies dir die Fabel durch. Ersetze die fett gedruckten Wörter. Finde für eine Fabel passende Begriffe. Denke an die Zeitform!

Der Fuchs und der Hahn (Beispiellösung)

Eines Tages sah ein ~~mordshungriger~~ hungriger Fuchs einen Hahn auf einem Misthaufen. Der Fuchs ~~plapperte~~ sprach: „Guten Morgen, Herr Hahn. Ich bin ~~vorbeigeschlappt~~ vorbeigekommen, um deiner ~~attraktiven~~ bezaubernden Stimme zu lauschen." Der Hahn fühlte sich ~~gefeiert~~ geehrt, plusterte sein ~~bombastisches~~ prächtiges Gefieder auf und fing an zu krähen.

Der Fuchs tat, als sei er ~~von den Socken~~ entzückt und bat den Hahn, noch seine Augen beim Krähen zu schließen, damit der ~~Sound~~ Gesang noch besser würde. So schloss der Hahn seine Augen. Da schnappte sich der listige Fuchs den Hahn und ~~raste~~ eilte mit seiner Beute davon.

Als die Bauern merkten, dass der Fuchs den Hahn ~~eingesackt~~ gestohlen hatte, liefen sie hinter ihm her und riefen: „Der Fuchs trägt unseren Hahn fort!"

Das hörte auch der Hahn und er ~~nuschelte~~ meinte: „Fuchs, hörst du, was die ~~dummen~~ törichten Bauern rufen? Sage ihnen doch, dass es nicht ihr, sondern dein Hahn ist, den du im Maul davonträgst."

Als der Fuchs seine ~~Gosche~~ Schnauze aufriss, floh der Hahn. Der Fuchs blieb zurück und erkannte, dass es ~~genialer~~ weiser gewesen wäre, wenn er nichts gesagt hätte. Von nun an wusste er, was „Reden ist Silber, Schweigen ist Gold" bedeutet.

(nach Aesop)

Das Übungsheft Texte schreiben 6 – Lösungen (Seite 48–51)

1 Sieh dir die Bilder zu einer Fabel von Aesop an.

(nach Aesop)

2 Ergänze passend zu den Bildern. (Beispiellösung)

Was ist der Konflikt oder die Herausforderung?
Der Hase gibt damit an, wie schnell er ist, und fordert die Schildkröte zum Wettlauf auf. Diese nimmt an.

Deshalb gewinnt die Schildkröte die Wette:
☐ Sie läuft schneller als der Hase.
☒ Sie ist zielstrebig und gibt nicht auf.

Ordne zu:
~~vorlaut~~ ~~bescheiden~~ ~~zielstrebig~~
~~siegessicher~~ ~~flink~~ ~~langsam~~

Hase	Schildkröte
vorlaut	bescheiden
siegessicher	zielstrebig
flink	langsam

Warum verliert der Hase den Wettlauf?
Der Hase fühlt sich überlegen, gönnt sich eine Pause und schläft ein.

Was könnte der Hase sagen? Was erwidert die Schildkröte?

(Hase:) Ich bin so flink, ich werde dich besiegen.
(Schildkröte:) Ich bin zielstrebig und ehrgeizig.

Bilder einer Fabel verstehen und interpretieren

3 Schreibe passend zu den Bildern und mithilfe von Aufgabe 2 eine Fabel. Wenn du nach einem passenden Lehrsatz suchst, sieh dir noch einmal die Beispiele auf Seite 45 an. Beachte die Hinweise des Wegweisers.

(Beispiellösung)

Überschrift (Tiere mit Artikel) ☑

Der Hase und die Schildkröte

Einleitung (Ausgangssituation) ☑

Eines Tages begegneten sich ein Hase und eine Schildkröte. Der Hase schaute die Schildkröte an und prahlte: „Sieh mich an, ich bin ein besonders flinkes Tier! Wärst du nicht auch gerne so schnell wie ich, anstatt so schrecklich langsam?" Die

Hauptteil (Konflikt) ☑
Reihenfolge ☑
Gegensätze ☑

Schildkröte sah den Hasen an und sagte: „Ich kann mit meiner Gemütlichkeit mehr erreichen als du mit deiner Eile." Da beschlossen sie ein Wettrennen zu veranstalten, um zu sehen, wer der

Zeit: Präteritum (Vergangenheit) ☑

Bessere sei. Bald darauf starteten die Tiere ihren Wettlauf. Der Hase eilte davon und war kaum

wörtliche Rede ☑

noch zu sehen. Die Schildkröte ließ sich aber nicht beirren und folgte dem Weg zielstrebig. Kurz

kunstvolle Sprache ☑

vor dem Ziel beschloss der siegessichere Hase eine Pause zu machen. Er setzte sich unter einen Baum und schlief ein. Unbemerkt lief die Schild-

wechselnde Satzanfänge ☑

kröte an ihm vorbei und schaffte es schließlich als Erste ins Ziel. Durch ihr Jubeln erwachte der Hase und sah, was geschehen war.

Schluss (Lösung) ☑

Nun wusste der Hase, was das Sprichwort „In der Ruhe liegt die Kraft" bedeutete.

Lehre ☑

4 Hast du die Hinweise des Wegweisers beachtet? Wenn ja, dann ☑.

Eine Fabel nach Bildern schreiben

Der 5. Schreibmeister

1 Sieh dir die Bilder zu einer Fabel von Aesop an. Finde eine passende Überschrift. Schreibe Stichwörter (Verben, Gegensätze …) neben die Bilder.

(Beispiellösung)

Die Mücke und der Löwe

Mücke und Löwe, winzig, groß, begegnen, prahlen, stark, mächtig, auslachen, unbesiegbar

auf jemanden zufliegen, zustechen, Nase, jammern, klagen, zugeben, Recht geben

übermütig, davonfliegen, König, besiegen, besser, Spinnennetz, übersehen

gefangen, Übermut, hängen bleiben

2 Schreibe passend zu den Bildern und mithilfe von Aufgabe 1 eine Fabel. Wenn du nach einem passenden Lehrsatz suchst, sieh dir noch einmal die Beispiele auf Seite 45 an. Beachte die Hinweise des Wegweisers.

(Beispiellösung)

Überschrift (Tiere mit Artikel) ☑

Die Mücke und der Löwe

Einleitung (Ausgangssituation) ☑

Eines Tages begegneten sich eine Mücke und ein Löwe. Die Mücke stellte sich vor den Löwen und prahlte: „Sieh mich an, was für ein starkes Tier ich bin. Ich bin unbesiegbar."

Hauptteil (Konflikt) ☑

Der Löwe fing an zu lachen und sprach: „Du

Reihenfolge ☑

winziges Tier möchtest mächtiger sein als ein Löwe? Das würde ich gerne sehen!"

Gegensätze ☑

Daraufhin flog die Mücke auf die Nase des Löwen und stach zu. Da musste der Löwe

Zeit: Präteritum (Vergangenheit) ☑

jammernd zugeben, dass sie ein kräftiges Tier sei. Übermütig flog die Mücke davon und frohlockte

wörtliche Rede ☑

darüber, dass sie den König der Tiere besiegt hatte.

kunstvolle Sprache ☑

wechselnde Satzanfänge ☑

Schluss (Lösung) ☑

Doch dabei übersah sie ein Spinnennetz und blieb jämmerlich darin hängen.

Lehre ☑

So lernte die Mücke, was „Übermut tut selten gut" bedeutete.

3 Hast du die Hinweise des Wegweisers beachtet? Wenn ja, dann ☑.

Du hast ___ von 11 Punkten beachtet und abgehakt.

Das Übungsheft Texte schreiben 6 – Lösungen (Seite 52–55)

> Eine Schilderung ist eine **persönliche Beschreibung** einer Situation (z. B. eine Busfahrt) oder eines Ortes (z. B. ein Strand).
> Eine Schilderung beinhaltet viele **Details**. Sie beschreibt **Gefühle** oder **Eindrücke** und bezieht sich auf **Sinneswahrnehmungen**: Was sehe ich? – Was rieche ich? – Was höre ich? – Was fühle ich? – Was schmecke ich?
> Schilderungen stehen im **Präsens** und werden in der „**Ich-Form**" geschrieben.

1 Lies dir die Schilderung durch.

Popcorn

Gebannt schaue ich durch die Scheibe auf die kleinen, sonnengelben Körner. Ich sehe, wie sich in ihnen langsam der Druck aufbaut und sie hektisch in der Maschine umherspringen, bis sie zu zerplatzen drohen und kurz darauf mit einem lauten „Plopp" aufpoppen. Ein Korn nach dem anderen gibt sich nun seiner Mission hin und man hört, wie es zu puffen beginnt. Sofort danach erkenne ich bei den Körnern die helle, schaumige, weiche Struktur. Gleichzeitig dringt ein unverwechselbarer, süßer, an Honig erinnernder Duft in meine Nase. Ich schnuppere und atme tief ein.
Noch immer trennt mich die Scheibe von dem besten Snack der Welt. Das Wasser läuft mir bereits im Munde zusammen, als ich beschließe, mir eine Tüte Popcorn zu gönnen, damit ich mich diesem Geschmackstraum hingeben kann. Voller Erwartung reiche ich dem Kioskbesitzer den abgezählten Geldbetrag über die Verkaufstheke, um im Gegenzug eine rot-weiß gestreifte, knisternde Tüte zu erhalten, die das Korn beinhaltet, welches mir den Alltag versüßen soll.
Ich greife in die Tüte und taste nach den kleinen, weichen und fluffigen Körnern. Sie fühlen sich außen härter und knusprig an. Ich nehme den klebrigen Mantel wahr, der an meinen Fingerspitzen haften bleibt.
Nun öffne ich den Mund und schmecke diese unverwechselbare Süße. Ich probiere ein Korn nach dem anderen und lasse es mir munden. Obwohl das Popcorn perfekt erscheint, ist es zerbrechlich und ich erblicke kleine Brösel, die sich am Boden der sich leerenden Tüte versammeln. Ab und zu ertaste ich auch ein hartes, rundes Korn, welches sich kaum zerbeißen lässt und beim Kauen ein Knacken verlauten lässt. Dennoch liebe ich diesen Moment. Warum? Weil Popcorn einfach einzigartig und fantastisch schmeckt.

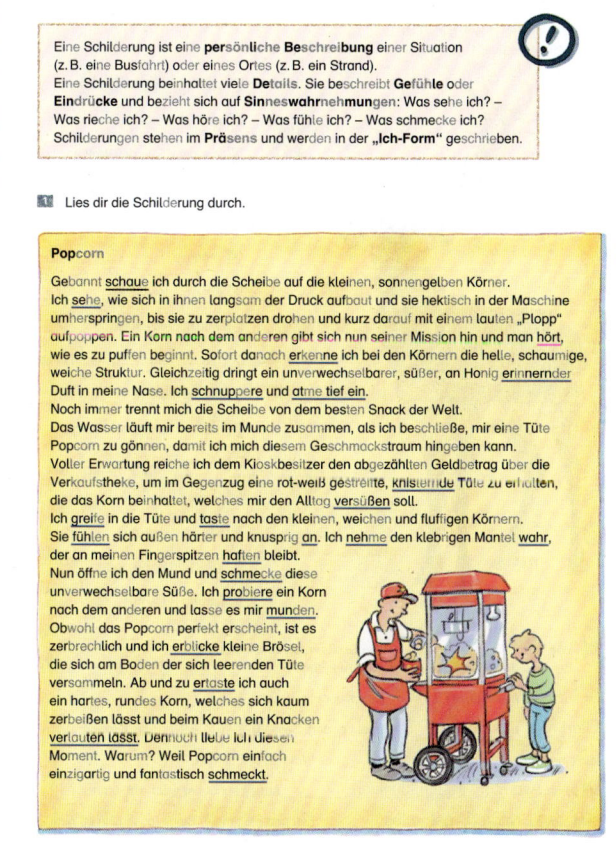

2 Unterstreiche im Text auf Seite 52 alle Verben, mit denen die Sinne näher beschrieben werden. Ordne sie in die passenden Felder ein.

Sehen: schauen, sehen, erkennen, erblicken

Riechen: riechen, schnuppern, einatmen, duften

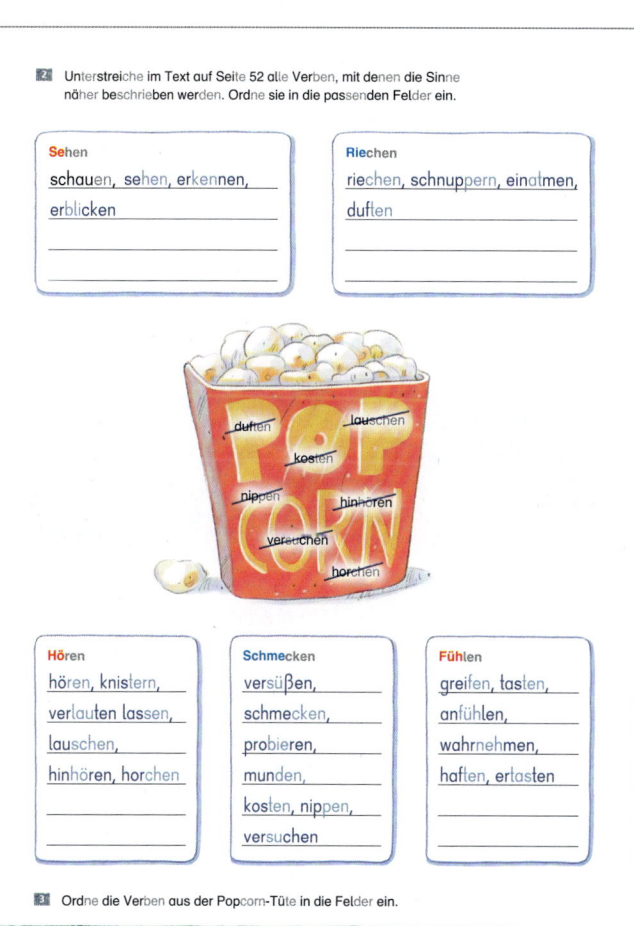

Hören: hören, knistern, verlauten lassen, lauschen, hinhören, horchen

Schmecken: versüßen, schmecken, probieren, munden, kosten, nippen, versuchen

Fühlen: greifen, tasten, anfühlen, wahrnehmen, haften, ertasten

3 Ordne die Verben aus der Popcorn-Tüte in die Felder ein.

> Damit Schilderungen lebendiger und die Beschreibungen noch detaillierter werden, solltest du Wörter kreativ benutzen. Verwende **treffende Adjektive** (sonnengelb), **Vergleiche** (so gelb wie die Sonne) und setze **Wiederholungen** (gelb – sonnengelb) gezielt zum Verstärken ein.

treffende Adjektive

1 Suche das treffende Adjektiv und verbinde.

sehr nass — pitschnass
sehr weich — watteweich
ganz klar — glasklar
sehr still — mucksmäuschenstill
sehr schön — bildschön
ganz dunkel — duster

Vergleiche

2 Bilde Vergleiche und schreibe sie auf.

feuerrot = rot wie Feuer
eiskalt = kalt wie Eis
kugelrund = rund wie eine Kugel
kerzengerade = gerade wie eine Kerze
bienenfleißig = fleißig wie eine Biene
hundemüde = müde wie ein Hund
haushoch = hoch wie ein Haus
federleicht = leicht wie eine Feder
moosgrün = grün wie Moos
messerscharf = scharf wie ein Messer

Bewusste Wiederholungen

Himmel +
Bären +
Kristall +
Tropf +
Zitronen +
Eis +
Wunder +

3 Verstärke die Bedeutung der Adjektive durch bewusst eingesetzte Wiederholungen. Ordne zu und ergänze.

Der Himmel ist blau – himmelblau.
Sie schlottert mit den Knien. Es ist kalt – eiskalt.
Das Wasser ist klar – kristallklar.
Thilo ist stark – bärenstark.
Die Dame ist schön – wunderschön.
Die Blüte ist gelb – zitronengelb.
Als der Regen nachlässt, bin ich nass – tropfnass.

4 Ergänze die Beschreibung der Szene durch treffende Adjektive, Vergleiche oder bewusst eingesetzte Wiederholungen.

Fröhlich und putzmunter (putz + munter) stehen die Kinder vor dem Eiswagen. Der Eiswagenfahrer lächelt ihnen zu. Der Großteil des Wagens ist weiß – schneeweiß (Schnee + weiß). Das Dach ist dunkelrosa (dunkel + rosa) und das Schild, auf dem „Gelati" steht, ist geschwungen (geschwungen + Welle) wie eine Welle. Die Namen der Eissorten stehen auf einer pechschwarzen (Pech + schwarz) Kreidetafel. Die verschiedenen Sorten haben alle möglichen Farben: erdbeerrosa (Erdbeer + rosa), apfelgrün (Apfel + grün), zitronengelb (Zitrone + gelb), schokoladenbraun (Schokolade + braun) ... Sie alle sind süß – zuckersüß (Zucker + süß). Das erste Eis des Sommers ist was Tolles!

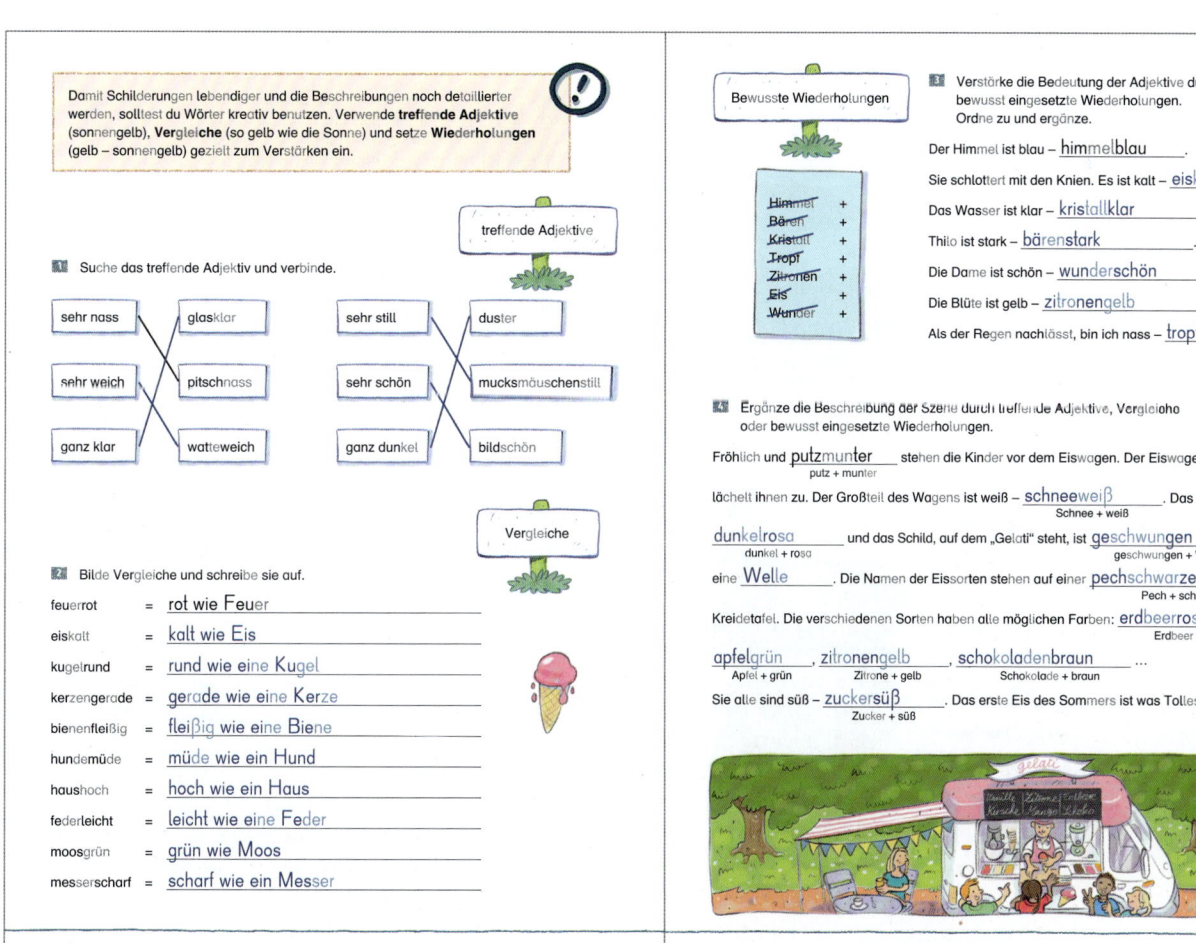

Das Übungsheft Texte schreiben 6 – Lösungen (Seite 56–59)

Stell dir vor, du gehst frühmorgens in den Wald. Was siehst, hörst, riechst, fühlst und schmeckst du dort? Wie fühlst du dich? Was denkst du?

1 Sieh dir das Bild genau an und sammle Stichwörter zu den Fragen. Schreibe auch Ideen auf, die über das Bild hinausgehen (z. B. weitere Tiere, die du siehst/hörst, einen Bach …).

Was siehst du? (Beispiellösung)
Bäume, Blätter, hohes Gras, Äste, einen Hirsch, Vögel, Kaninchen, Eichhörnchen, einen Bach

Was hörst du?
Rauschen der Blätter, Biene summt, Vögel zwitschern, Bach plätschert

Was fühlst du?
Wind, weiches Moos, Gras, harte Steine

Was riechst du?
Blumen, Holz

Was schmeckst du?
Beeren, frisches Quellwasser

2 Sieh dir den Hirsch genau an. Kreuze die passenden Wörter und Eigenschaften an.

(Beispiellösung)
- ☐ zart
- ☒ stark und mächtig
- ☒ wie der König des Waldes
- ☐ schüchtern
- ☒ wachsam
- ☒ prächtig
- ☒ verzweigtes Geweih
- ☐ wild, fuchsteufelswild
- ☒ glattes, rotbraun gefärbtes Fell
- ☐ struppiges Fell
- ☒ steht elegant, hochbeinig da
- ☐ leuchtende Augen
- ☒ warme, treue, dunkle Augen
- ☐ strahlt Hektik aus
- ☐ dick und kugelrund
- ☒ strahlt Ruhe aus

3 Wie könnte man den Hirsch in einer Schilderung beschreiben? Ergänze den Lückentext mithilfe von Aufgabe 2.

Ich halte den Atem an, als ich einen Hirsch vor mir erblicke. __Stark__ und __mächtig__ steht er dort. Sein __verzweigtes__ Geweih lässt ihn prächtig, wie __den König__ des Waldes, erscheinen. Mit seinen __warmen, treuen, dunklen__ Augen schaut er wachsam umher. Sein glattes, __rotbraun gefärbtes__ Fell und die langen Beine lassen ihn elegant aussehen. Ich bin fasziniert von der __Ruhe__, die das Tier ausstrahlt.

Neben der Beschreibung der Sinneseindrücke und der Darstellung eines wichtigen Details (z. B. der Hirsch), gehört auch das Beschreiben der eigenen Gedanken und Gefühle zu einer Schilderung.

4 Überlege, wie du dich im Wald fühlst. Kreuze passende Begriffe an. (Beispiellösung)

- ☒ aufgeregt
- ☒ verwundert
- ☒ überrascht
- ☒ es verschlägt mir die Sprache
- ☒ entschlossen
- ☒ entspannt
- ☒ erleichtert
- ☐ fassungslos
- ☒ fasziniert
- ☒ den Atem anhalten
- ☒ gelassen
- ☒ den Blick nicht abwenden können
- ☐ misstrauisch
- ☐ schadenfroh
- ☐ ängstlich
- ☐ unzufrieden
- ☒ vorsichtig
- ☒ in vollen Zügen genießen
- ☐ verzweifelt
- ☒ beflügelt
- ☐ draufgängerisch
- ☒ andächtig
- ☒ eine Gänsehaut bekommen
- ☒ sprachlos
- ☐ tapfer
- ☐ entsetzt
- ☐ boshaft
- ☐ erstaunt
- ☒ ich kann mein Glück nicht fassen
- ☐ fröhlich
- ☒ ich merke, wie mein Herz pocht
- ☒ hingerissen
- ☒ interessiert
- ☒ neugierig
- ☐ unbeschwert
- ☐ voller Angst
- ☐ unsicher
- ☒ wage nicht zu atmen
- ☐ zurückhaltend
- ☐ wild
- ☒ voller Freude
- ☐ der Gefahr ins Auge sehen

Detaillierte Aufzählungen lassen Schilderungen lebendiger erscheinen. Zudem vermitteln sie einen Eindruck der Gesamtsituation.

5 Ergänze mit den Wörtern am Rand sinnvoll die Sätze.

Ich __sehe__ hinter den __hellgrünen__ Gräsern den __Wald__.
(sehen, hellgrün, Wald)

Dort __stehen__ neben __hohen__ Kiefern gewöhnlich __alte__ Eichen und __dicke__ Buchen.
(dick, hoch, alt, stehen, Eichen, Buchen)

Die __glatten__ oder __gezackten__, apfelgrünen Blätter bewegen sich __sacht__ im Wind, als würden sie __tanzen__.
(sacht, glatt, gezackt, tanzen, apfelgrün)

Die __Blätter__ sehen wie ein __schützendes__ __Dach__ aus.
(Dach, Blätter, schützend)

6 Ergänze auch diese Sätze passend. (Beispiellösung)

Da entdecke ich einen __braunen__ Hasen, eine __flinke__ Maus, ein __scheues__ Eichhörnchen und eine __winzige__ Ameise. Ich schließe die Augen und höre eine Biene __summen__, einen Kuckuck __rufen__ und einen Specht gegen den Stamm eines Baumes __klopfen__.

Das Übungsheft Texte schreiben 6 – Lösungen (Seite 60–63)

7 Schreibe nun eine Schilderung über deinen Ausflug in den Wald mithilfe der Aufgaben 1 bis 6.
Stelle dir genau vor, was du im Wald siehst, hörst, fühlst, riechst und schmeckst.
Beachte die Hinweise des Wegweisers.

(Beispiellösung)

Überschrift – Was wird beschrieben?

Im Wald

Einleitung – mitten in der Situation

Ich folge den Sonnenstrahlen, die sich langsam durch die Bäume kämpfen und komme an eine Lichtung. Fasziniert bleibe ich stehen und betrachte die Wiese vor mir.

Hauptteil – ausführlich und detailliert

Ich sehe hinter den hellgrünen Gräsern den Wald. Dort stehen neben hohen Kiefern alte Eichen und dicke Buchen. Die glatten oder gezackten, apfelgrünen Blätter bewegen sich im Wind, als würden sie tanzen. Sie sehen wie ein schützendes Dach aus. Am Waldrand entdecke ich ein Eichhörnchen, das geschäftig von Ast zu Ast hüpft. Ich schließe meine Augen und atme tief ein. Ich rieche die frische Waldluft, die nach Holz duftet. Außerdem höre ich das Zwitschern der Vögel und das Klopfen eines Spechtes. Ich nehme das Plätschern eines Baches wahr. Das Summen einer Biene hört sich wie ein Lied an. Ich setze mich auf einen Platz, an dem frisches, dunkelgrünes Moos wächst. Es fühlt sich weich, watteweich an.

Zeit: Präsens (Gegenwart)

Erzählperspektive „Ich-Form"

Sinneseindrücke beschreiben
- Sehen
- Hören
- Fühlen
- Riechen/Schmecken

Gedanken/Gefühle

Ich halte den Atem an, als ich vor mir einen Hirsch erblicke. Er sieht stark und mächtig aus. Sein verzweigtes Geweih lässt ihn prächtig, wie den König des Waldes, erscheinen. Mit seinen warmen, dunkelbraunen Augen schaut er wachsam umher. Sein glattes, rotbraun gefärbtes Fell und die langen Beine lassen ihn elegant aussehen. Ich bin fasziniert von der Ruhe, die das schöne Tier ausstrahlt. Ich bin so gespannt, ich traue mich fast nicht zu atmen.

ein Merkmal genauer beschreiben

Hauptteil – Konflikt

treffende Adjektive – Vergleiche, bewusste Wiederholungen

treffende Verben

Schluss – Situation beenden, Abschluss finden

Ein leichter Wind lässt mich frösteln. Ich beschließe, mich auf den Heimweg machen. Ich schaue noch einmal zurück auf die Lichtung und nehme die Eindrücke mit nach Hause.

8 Hast du die Hinweise des Wegweisers beachtet? Wenn ja, dann ✓.

Der 6. Schreibmeister

Stell dir vor, du stehst am Meer.
Was siehst, hörst, fühlst, riechst und schmeckst du?
Wie fühlst du dich? Was denkst du?
Schildere deine Ideen und Eindrücke genau und detailliert.

1 Sieh dir das Bild an und sammle Stichwörter zu den Fragen.
Schreibe auch Ideen auf, die über das Bild hinausgehen (z. B. Schiffe …).

Was siehst du? (Beispiellösung)
Dünen, hellen Sand, blaues Meer, Wellen, Möwen, Schiff, spielende Kinder

Was hörst du?
Kreischen der Möwe, Rauschen der Wellen, lachende Kinder

Was fühlst du?
Wind, weichen, warmen Sand, kühles Wasser, warme Sonne

Was riechst du?
Sonnencreme, Salzwasser

Was schmeckst du?
salziges Wasser

2 Schreibe mithilfe der Vorarbeiten von Aufgabe 1 eine Schilderung.
Beachte die Hinweise des Wegweisers.

(Beispiellösung)

Überschrift – Was wird beschrieben?

Am Meer

Einleitung – mitten in der Situation

Eilig laufe ich den kleinen Holzsteg hinauf, der zu den Dünen führt. Am Ende bleibe ich stehen. Vor mir liegt das Meer. Ich schaue mich um.

Hauptteil – ausführlich und detailliert

Direkt neben mir sind die grünen, langen Gräser der Dünen. Sie bewegen sich im Wind, als würden sie tanzen. Direkt dahinter sehe ich den Strand, an dem vereinzelt ein paar Menschen liegen und sich sonnen. Ich entdecke Kinder, die eine Sandburg bauen. Und dahinter kann ich das blaue Meer sehen. Ich ziehe meine Schuhe aus und laufe ein Stück weiter zum Strand. Unter meinen Füßen fühle ich nun den weichen Sand. Auf meiner Haut spüre ich die warmen Sonnenstrahlen. Ich schließe die Augen, damit ich das Rauschen der Wellen besser hören kann. Der Wind pfeift leise. Ich atme tief ein und rieche die salzige, frische Luft. Sie vermischt sich mit dem Geruch der Sonnencreme.

Zeit: Präsens (Gegenwart)

Erzählperspektive „Ich-Form"

Sinneseindrücke beschreiben
- Sehen
- Hören
- Fühlen
- Riechen/Schmecken

Das Übungsheft Texte schreiben 6 – Lösungen (Seite 64)

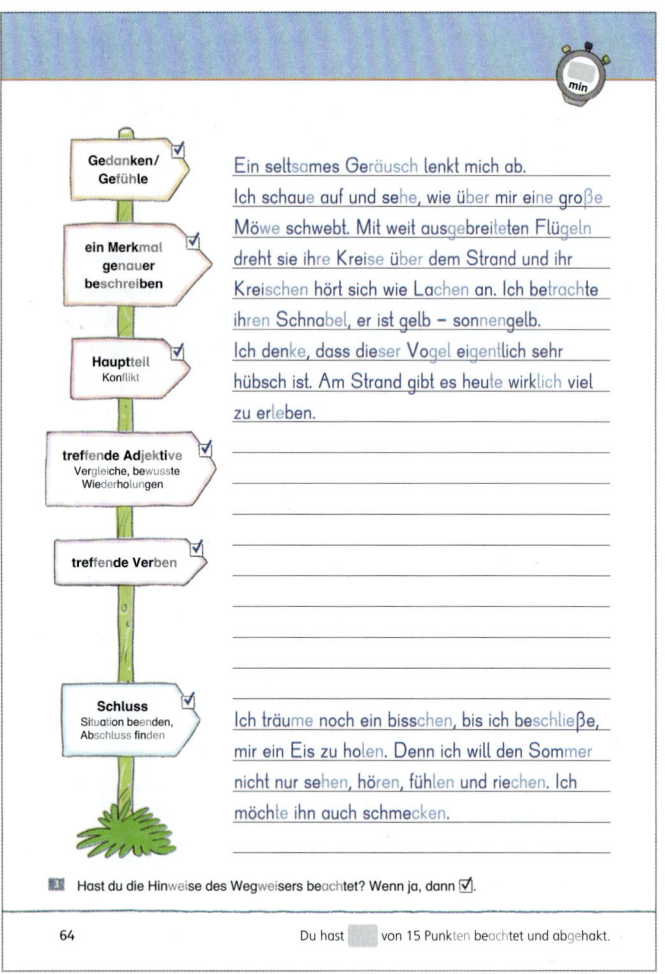

Gedanken/Gefühle

Ein seltsames Geräusch lenkt mich ab. Ich schaue auf und sehe, wie über mir eine große Möwe schwebt. Mit weit ausgebreiteten Flügeln dreht sie ihre Kreise über dem Strand und ihr Kreischen hört sich wie Lachen an. Ich betrachte ihren Schnabel, er ist gelb – sonnengelb. Ich denke, dass dieser Vogel eigentlich sehr hübsch ist. Am Strand gibt es heute wirklich viel zu erleben.

Schluss – Situation beenden, Abschluss finden

Ich träume noch ein bisschen, bis ich beschließe, mir ein Eis zu holen. Denn ich will den Sommer nicht nur sehen, hören, fühlen und riechen. Ich möchte ihn auch schmecken.

2 Lies dir die Beschreibung noch einmal durch. Welche Kriterien treffen zu?
Kreuze an.

☒ Überschrift (der Name des Gegenstandes) ist vorhanden.
☐ Wesentliche Merkmale werden genannt (Farbe, Größe, Material …).
☐ Der Verwendungszweck wird genannt.
☐ Fachbegriffe werden verwendet.
☐ Wörtliche Rede wird berücksichtigt.
☐ Wechselnde Verben werden benutzt.
☐ Die Beschreibung steht im Perfekt (Vergangenheit).
☐ Die Beschreibung steht im Präsens (Gegenwart).
☐ Es wird sachlich beschrieben.
☐ Es wird genau beschrieben.
☐ Besondere Kennzeichen, Besonderheiten werden genannt.
☐ Eine eigene Wertung oder Meinung wird formuliert.

3 Beschreibe nun selbst einen der auf Seite 32 abgebildeten Bleistifte.
Ergänze hierfür den Lückentext.
Beachte die Kriterien von Aufgabe 2.

Der Bleistift _____

Der Bleistift, mit dem man _____ oder _____ kann,

ist _____ und in einem _____ lackiert.

Der _____ hat einen Durchmesser von etwa 0,5 cm.

Am Ende des Bleistiftes befindet sich ein _____ Radiergummi,

der _____ abgenutzt ist. Er steckt in einer silbernen Halterung aus Metall.

Das Hauptmaterial des Stiftes ist _____.

Im Inneren der Holzummantelung befindet sich die Mine, mit der man schreiben kann.

Das Besondere _____

_____

_____

Textkriterien bestimmen, einen Lückentext ergänzen

1 Ordne die Wörter in die passenden Spalten der Tabelle ein.
Die Wörterliste kann dir dann beim Schreiben einer Gegenstandsbeschreibung helfen.

Tipps und Tricks für das Verfassen einer Gegenstandsbeschreibung

innen   eckig   Beton   oben   länglich   matt   erkennen   unten   Glas

rund   rechts   oval   lang   hinten   schwarz   Baumwolle   links   stumpf

neben   glänzend   Gummi   kantig   quadratisch   Stoff   Holz   grün

rechteckig   glatt   besteht aus   Kunststoff   Außenseite   hart   Keramik

Stahl   Stein   nass   beige   kegelförmig   Innenseite   Papier   enthalten

spitz   Unterseite   kurz   Oberseite   weich   ~~rostbraun~~   trocken   außen

Farbe	Form	Material	Oberfläche	Position	Verben
rostbraun					

2 Lies dir die Gegenstandsbeschreibung durch.
Entscheide dich jeweils zwischen den zwei Begriffen.
Streiche den unpassenden Begriff durch.

Das | Skateboard | ~~Rollbrett~~

Das Skateboard | bestand | besteht | aus einem mehrschichtigen, dünnen Holzbrett.

Man | benutzt | benutzte | es als Fortbewegungsmittel oder um Tricks, wie Sprünge,

mit | dem Skateboard | ihm | zu machen. | Es | Das Brett | ist etwa 80 cm lang

und 20 cm breit. Die | Oberseite | Unterseite | wird als Trittfläche verwendet und als

Deck bezeichnet. Sie ist mit einem | schwarzen | silbernen | , | rauen | weichen |

Griptape versehen. Den vorderen Teil des Brettes | nennt | nannte | man „Nose",

den hinteren „Tail". An der | braunen | hellbraunen | Unterseite sind zwei Achsen mit jeweils

zwei sonnengelben Rollen angebracht. Besonders auffällig ist der apfelgrüne, von links nach

rechts verlaufende Schriftzug „Skate", der auf der Unterseite aufgedruckt | war | ist | .

Eine Gegenstandsbeschreibung überarbeiten

1 Sieh dir die Schuhe genau an und lies dir die Informationen durch.

- vorne: weiße, glatte, abgerundete Gummikappe
- durch jeweils 12 weiße Nieten über Kreuz gezogene, weiße Schnürsenkel
- an der Seite abgesteppt mit doppelreihigen hellen Nähten
- rundherum: geriffelter Sohlenrand
- weiße, flache Gummisohle, um die ein schwarzer Streifen verläuft
- Obermaterial: strapazierfähiger Stoff, weinrot
  Größe: 38
  mittig an der Innenseite: eine weiße Niete
- Besonderheit: stark verschmutzte Sohlen und schmutziger Sohlenrand
- Senkelende mit Kunststofffolie versiegelt

2 Ergänze die Tabelle. Nimm die Informationen von Aufgabe 1 zu Hilfe und erweitere mit eigenen Worten.

Einzelteile: je Schuh 13 Nieten, _____

Materialien: _____

Oberflächen: _____

Farben: _____

Position am Schuh: _____
(z. B. oben, hinter, Außenseite)

Verben: _____

Besonderheiten: _____

Gegenstandsbeschreibung: eine Wörtersammlung erstellen

3 Schreibe mithilfe der Abbildung, der Informationen und der Wörtersammlung von Seite 36 eine Gegenstandsbeschreibung.
Beachte die Hinweise des Wegweisers.

Überschrift ☐
Name des Gegenstandes

Einleitung ☐
Gegenstand nennen, Verwendungszweck

Hauptteil ☐
Beschreibung des Gegenstandes (Größe, Farbe, Material ...)

Reihenfolge ☐
Vom Allgemeinen zum Detail

genau und sachlich ☐

Zeit: Präsens ☐
(Gegenwart)

Fachbegriffe ☐

treffende Adjektive ☐

abwechslungsreiche Verben ☐

Schluss ☐
Besonderheiten

4 Hast du die Hinweise des Wegweisers beachtet? Wenn ja, dann ☑.

Eine Gegenstandsbeschreibung schreiben: Sneaker

1 Sieh dir den Rucksack genau an und lies dir die Informationen durch.

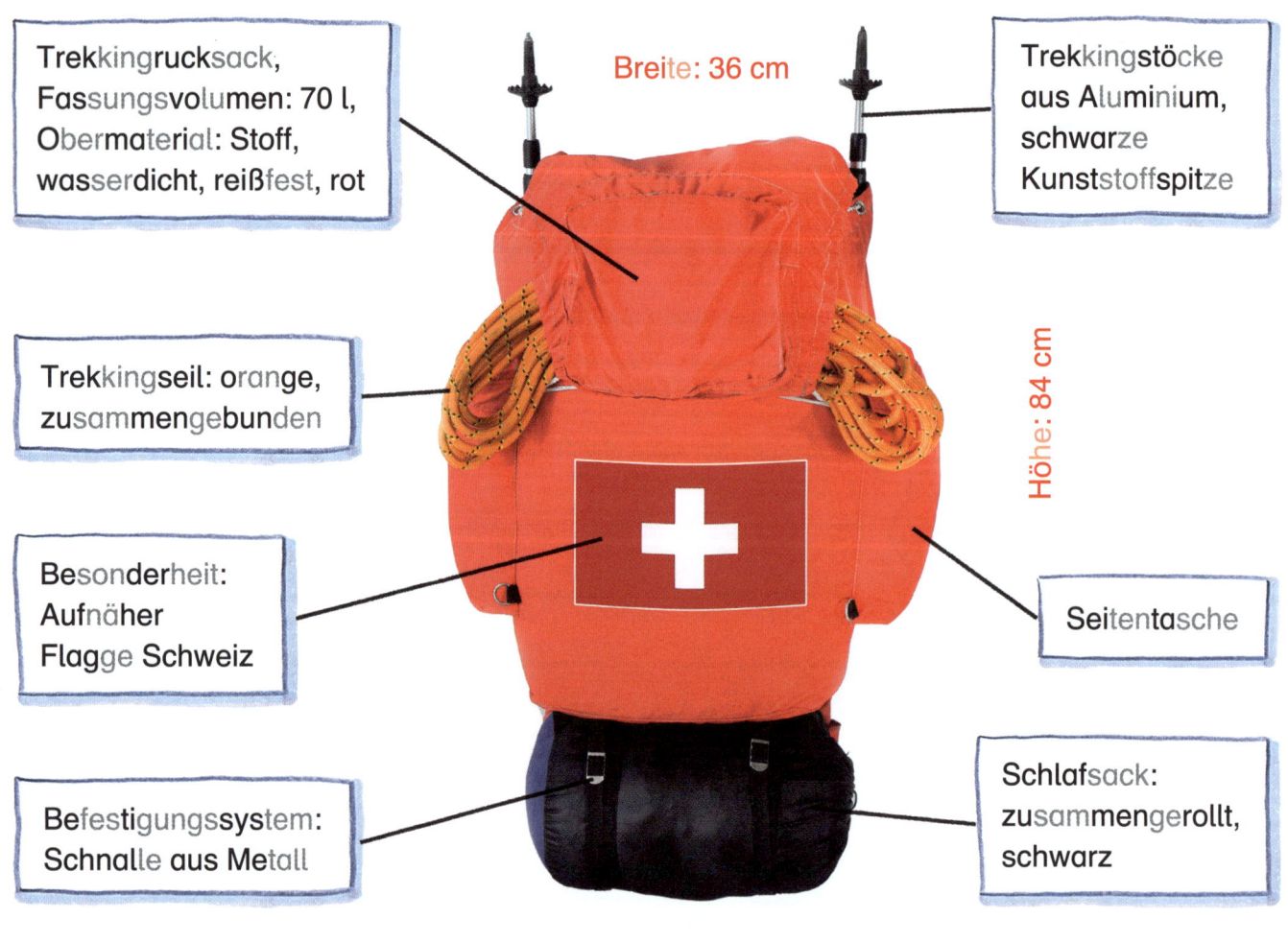

- Trekkingrucksack, Fassungsvolumen: 70 l, Obermaterial: Stoff, wasserdicht, reißfest, rot
- Breite: 36 cm
- Trekkingstöcke aus Aluminium, schwarze Kunststoffspitze
- Trekkingseil: orange, zusammengebunden
- Höhe: 84 cm
- Besonderheit: Aufnäher Flagge Schweiz
- Seitentasche
- Befestigungssystem: Schnalle aus Metall
- Schlafsack: zusammengerollt, schwarz

2 Ergänze die Tabelle. Nimm die Informationen von Aufgabe 1 zu Hilfe und erweitere mit eigenen Worten.

Einzelteile: Trekkingrucksack, _____

Materialien: _____

Oberflächen: _____

Farben: _____

Position am Rucksack: _____
(z. B. oben, hinter, Außenseite)

Verben: _____

Besonderheiten: _____

Gegenstandsbeschreibung: eine Wörtersammlung erstellen

3 Schreibe mithilfe der Abbildung, der Informationen und der Wörtersammlung von Seite 38 eine Gegenstandsbeschreibung.
Beachte die Hinweise des Wegweisers.

Überschrift
Name des Gegenstandes

Einleitung
Gegenstand nennen, Verwendungszweck

Hauptteil
Beschreibung des Gegenstandes (Größe, Farbe, Material …)

Reihenfolge
Vom Allgemeinen zum Detail

genau und sachlich

Zeit: Präsens
(Gegenwart)

Fachbegriffe

treffende Adjektive

abwechslungsreiche Verben

Schluss
Besonderheiten

4 Hast du die Hinweise des Wegweisers beachtet? Wenn ja, dann ☑.

Eine Gegenstandsbeschreibung schreiben: Trekkingrucksack

Der 4. Schreibmeister

1 Sieh dir den Gemüsekorb genau an. Ergänze Stichwörter zur Beschreibung.

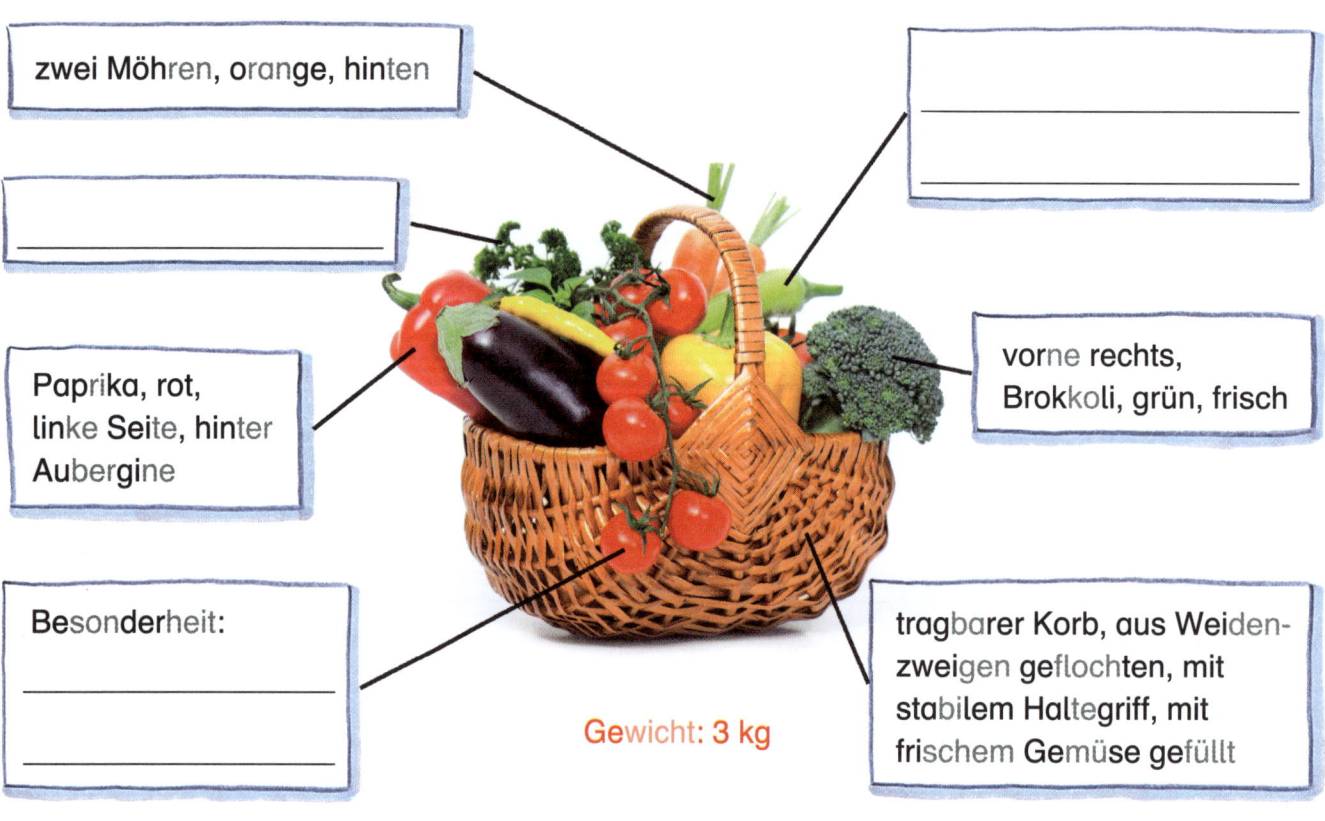

zwei Möhren, orange, hinten

Paprika, rot, linke Seite, hinter Aubergine

Besonderheit:
_____
_____

Gewicht: 3 kg

vorne rechts, Brokkoli, grün, frisch

tragbarer Korb, aus Weidenzweigen geflochten, mit stabilem Haltegriff, mit frischem Gemüse gefüllt

2 Ergänze die Tabelle. Beachte hierbei besonders die Lage und Farbe der einzelnen Gemüsesorten.

Gemüsesorten: zwei Möhren, _____
(und Stückzahl)

Materialien: _____
(z. B. Korb)
Oberflächen: _____

Farben: _____

Position im Korb: _____
(z. B. oben, hinter, Außenseite)

Verben: _____

Besonderheiten: _____

40

3 Schreibe mithilfe der Abbildung, der Stichwörter und der Wörtersammlung von Seite 40 eine Gegenstandsbeschreibung. Beachte die Hinweise des Wegweisers.

Überschrift ☐
Name des Gegenstandes

Einleitung ☐
Gegenstand nennen, Verwendungszweck

Hauptteil ☐
Beschreibung des Gegenstandes (Größe, Farbe, Material …)

Reihenfolge ☐
Vom Allgemeinen zum Detail

genau und sachlich ☐

Zeit: Präsens ☐
(Gegenwart)

Fachbegriffe ☐

treffende Adjektive ☐

abwechslungsreiche Verben ☐

Schluss ☐
Besonderheiten

4 Hast du die Hinweise des Wegweisers beachtet? Wenn ja, dann ☑.

Du hast ___ von 10 Punkten beachtet und abgehakt.

> Eine **Fabel** ist eine **kurze, lehrhafte** Erzählung, in der **Tiere denken, sprechen** und **menschliche Eigenschaften** haben.
> In den meisten Fabeln begegnen sich zwei Tiere mit **gegensätzlichen Eigenschaften**. Dabei versucht das eine Tier, das andere mit einer **List** auszutricksen. Eine Fabel endet häufig mit einem **Lehrsatz**, der den Leser auf das falsche oder törichte Verhalten der Tiere aufmerksam macht. Da Fabeln vor mehreren hundert Jahren erzählt wurden, haben sie noch heute eine **kunstvolle, alt klingende Sprache**.

1 Lies dir die Fabel durch.

Der Löwe und der Fuchs

Ein Löwe war über die Jahre alt und gebrechlich geworden. Es kam der Tag, an dem er sich eingestehen musste, dass er zu schwach für die Jagd geworden war.
Um nicht zu verhungern, überlegte er sich eine List. Er zog sich in eine Höhle zurück und jammerte: „Ach, was bin ich für ein armes Tier. Ich bin so schwach, dass ich weder brüllen noch jagen kann. Schon bald sehe ich mein Ende kommen."

Die törichten Tiere, die den einst mächtigen und von allen gefürchteten König so klagen hörten, kamen näher, betraten die Höhle und besuchten eins nach dem anderen den Löwen. Die einen kamen aus Mitleid, andere von Neugier getrieben. Wieder andere waren schadenfroh und freuten sich, dass der gefährliche Löwe bald sterben müsse. Sie alle kamen dem Löwen recht nah und man konnte nicht beobachten, dass je eins wieder aus der Höhle herauskam. Dem Löwen aber ging es trotz seines Alters prächtig, denn noch niemals zuvor hatte er so viel zu fressen gehabt.

Eines Tages ging der schlaue Fuchs an der Höhle vorüber. Der Löwe streckte ihm seine Pranke entgegen und sprach: „Ach, wie freu ich mich dich zu sehen, Fuchs. Tritt doch noch einmal in meine Höhle hinein, um mir Lebewohl zu sagen."
Der Fuchs aber setzte sich in weitem Abstand von der Höhle nieder und erwiderte: „Ach, Löwe, du weiser König der Tiere, ich will lieber hier draußen warten, bis all deine anderen Besucher sich von dir verabschiedet haben. Denn ich sehe eine Menge Tierspuren, die in deine Höhle hineinführen, aber nicht eine einzige, die auch wieder herauskommt."

Damit erkannte der Fuchs, dass man sich in Gefahr begibt, sobald man die Höhle des Löwen betritt.

(nach Aesop)

2 Lies die Sätze genau. Kreuze die richtigen Aussagen an.
Kreise den Buchstaben oder das Zeichen dahinter ein. Schreibe unten das Lösungswort auf.

1. In der Überschrift ...
   - ☒ werden die Tiere mit bestimmtem Artikel genannt. **M**
   - ☐ wird der Handlungsort genannt. **S**
   - ☐ wird der Konflikt beschrieben. **L**

2. In der Einleitung wird ...
   - ☐ erzählt, warum der Fuchs nicht in die Höhle des Löwen geht. **I**
   - ☐ die Lehre genannt. **N**
   - ☐ die Ausgangssituation beschrieben, warum der Löwe sich in die Höhle zurückzieht. **E**

3. In der gesamten Fabel stehen die Verben ...
   - ☐ im Futur (der Zukunft). **M**
   - ☐ im Präteritum (der Vergangenheit). **N**
   - ☐ im Präsens (der Gegenwart). **A**

4. Die Tiere ...
   - ☐ schreiben sich. **R**
   - ☐ sprechen miteinander. **SCH**
   - ☐ fauchen sich gegenseitig an. **T**

5. Die Sprache in der Fabel klingt ...
   - ☐ kunstvoll und altmodisch. **E**
   - ☐ modern. **S**
   - ☐ schlicht und sachlich. **K**

6. Der Löwe und die anderen Tiere haben gegensätzliche Eigenschaften:
   - ☐ hübsch / hässlich. **E**
   - ☐ dick / dünn. **O**
   - ☐ schlau / dumm. **N**

7. Am Schluss der Fabel gibt es ...
   - ☐ einen Witz. **!**
   - ☐ eine Lehre. **.**
   - ☐ eine offene Frage. **?**

In Fabeln handeln Tiere wie M _ _ _ _ _ _ _ _

Kriterien am Text erarbeiten

Aesop ist der bekannteste Fabeldichter. Er hat vermutlich 600 v. Chr. als Sklave in Griechenland gelebt. Um unter anderem zu zeigen, dass auch der Schwache den Stärkeren besiegen kann, erfand er viele Fabeln. Da die Menschen früher nicht immer frei sprechen durften, mussten sie ihre Kritik indirekt äußern. Deshalb haben Tiere in Fabeln menschliche Eigenschaften und sprechen und handeln wie Menschen. Fabeln wurden sehr lange nur mündlich weitererzählt.

1 Welche Eigenschaft passt zu welchem Tier? Ordne zu und verbinde.

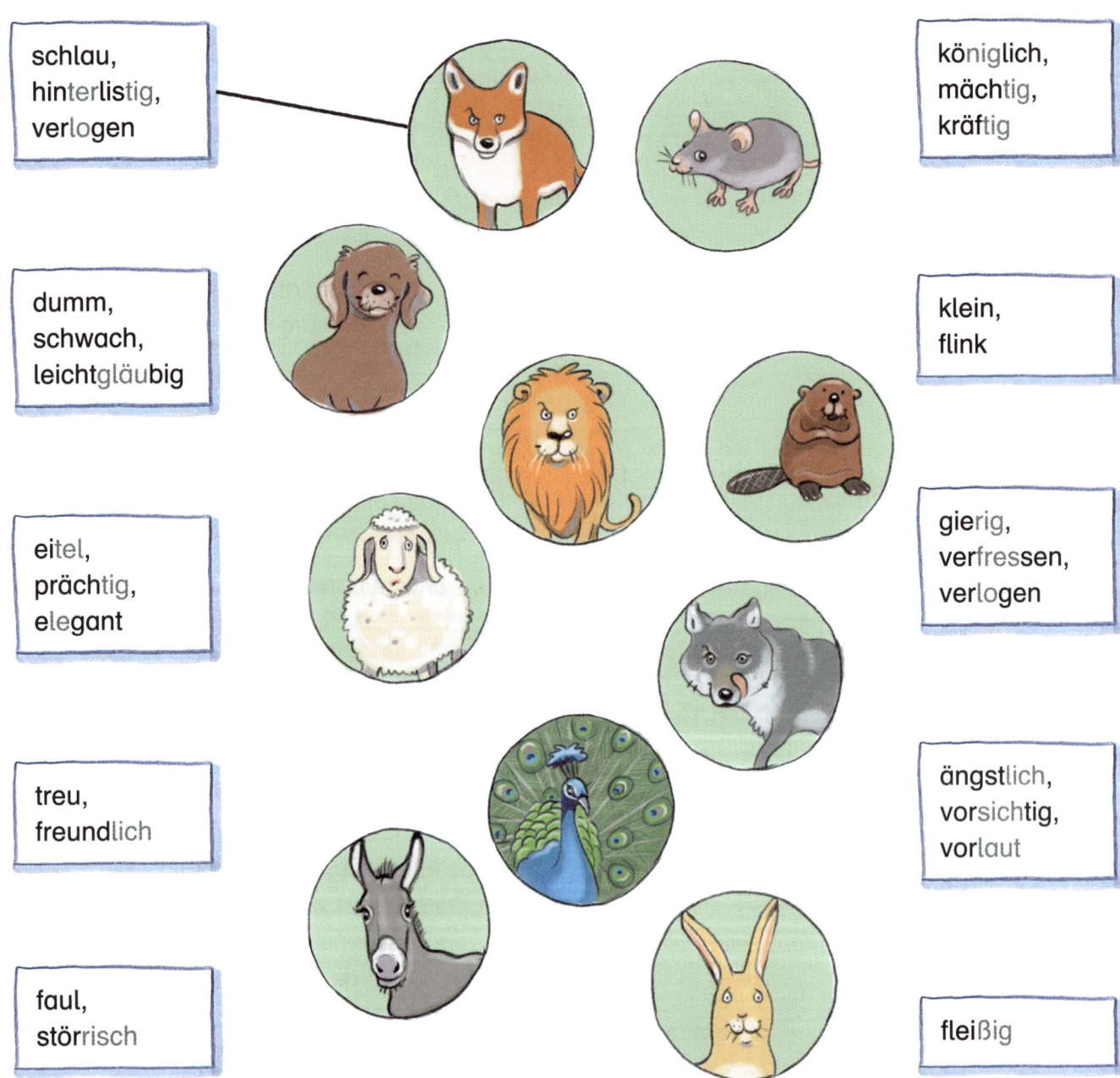

schlau, hinterlistig, verlogen

königlich, mächtig, kräftig

dumm, schwach, leichtgläubig

klein, flink

eitel, prächtig, elegant

gierig, verfressen, verlogen

treu, freundlich

ängstlich, vorsichtig, vorlaut

faul, störrisch

fleißig

44   Information „Aesop", Eigenschaften zuordnen

2 In Fabeln begegnen sich häufig Tiere mit gegensätzlichen Eigenschaften. Finde Gegensätze auf Seite 44 und schreibe sie auf.

schlau – dumm, _____

_____

_____

_____

3 Der Schluss einer Fabel beinhaltet oft eine Lebensweisheit, aus der der Leser etwas lernen soll. Füge die Lehrsätze zusammen und finde die passende Bedeutung. Male die drei zusammengehörigen Felder in der gleichen Farbe an.

Wer zuletzt lacht, …	wäscht die andere.	Erst am Schluss stellt sich heraus, wer wirklich Recht und Grund zum Lachen hat.
Eine Hand …	lacht am besten.	Jemand erweist einem im Gegenzug einen Gefallen.
Wer anderen eine Grube gräbt …	tut selten gut.	Übermut und Selbstüberschätzung lassen einen meist scheitern.
Übermut …	fällt selbst hinein.	Das Übel, was man jemandem angetan hat, bekommt man selbst zu spüren.
In der Ruhe …	als die Taube auf dem Dach.	Wer sich Zeit für eine Aufgabe nimmt, kann oft mehr erreichen als jemand, der hetzt.
Lieber den Spatz in der Hand …	liegt die Kraft.	Gib dich mit dem zufrieden, was du haben kannst, bevor du auf etwas hoffst, was du nicht bekommen wirst.

Gegensatzpaare bilden, Sprichwörter zusammenfügen

1 Viele Wörter, die in Fabeln vorkommen, hören sich kunstvoll, ein wenig altmodisch oder einfach nur „fabelhaft" an.
Ordne die Wörter in die entsprechenden Zeilen der Tabelle ein.

> ~~sprechen~~   erwidern   prahlen   übertreiben   unaufrichtig   erblicken
> wandeln   durchtrieben   töricht   wunderschön   anmerken   äußern
> listig   entgegnen   sich aufblähen   einbilden   schwindeln   hinterlistig
> klug   heuchlerisch   unehrlich   eilen   flanieren   wundervoll   stolzieren
> scharfsinnig   bezaubernd   einfältig   prächtig   wegbegeben   elegant
> gerissen   mustern   scheinheilig   aufschneiden   zurückgeben   versichern
> plaudern   klagen   jammern   dämlich   stilvoll   unbedarft   vollkommen

sagen: sprechen, _____

antworten: _____

angeben: _____

verlogen/lügen: _____

sehen: _____

gehen: _____

schlau: _____

dumm: _____

schön: _____

„Fabelsprache": eine Wörtersammlung erstellen

2 Lies dir die Fabel durch.
Ersetze die fett gedruckten Wörter. Finde für eine Fabel passende Begriffe.
Denke an die Zeitform!

Der Fuchs und der Hahn

Eines Tages sah ein ~~mordshungriger~~ hungriger Fuchs einen Hahn auf einem Misthaufen. Der Fuchs **plapperte** _____: „Guten Morgen, Herr Hahn. Ich bin **vorbeigeschlappt** _____, um deiner **attraktiven** _____ Stimme zu lauschen." Der Hahn fühlte sich **gefeiert** _____, plusterte sein **bombastisches** _____ Gefieder auf und fing an zu krähen.

Der Fuchs tat, als sei er **von den Socken** _____ und bat den Hahn, noch seine Augen beim Krähen zu schließen, damit der **Sound** _____ noch besser würde. So schloss der Hahn seine Augen. Da schnappte sich der listige Fuchs den Hahn und **raste** _____ mit seiner Beute davon.

Als die Bauern merkten, dass der Fuchs den Hahn **eingesackt** _____ hatte, liefen sie hinter ihm her und riefen: „Der Fuchs trägt unseren Hahn fort!"

Das hörte auch der Hahn und er **nuschelte** _____: „Fuchs, hörst du, was die **dummen** _____ Bauern rufen? Sage ihnen doch, dass es nicht ihr, sondern dein Hahn ist, den du im Maul davonträgst."

Als der Fuchs seine **Goschen** _____ aufriss, floh der Hahn. Der Fuchs blieb zurück und erkannte, dass es **genialer** _____ gewesen wäre, wenn er nichts gesagt hätte. Von nun an wusste er, was „Reden ist Silber, Schweigen ist Gold" bedeutet.

(nach Aesop)

Eine Fabel überarbeiten

1 Sieh dir die Bilder zu einer Fabel von Aesop an.

(nach Aesop)

2 Ergänze passend zu den Bildern.

Was ist der Konflikt oder die Herausforderung?
_____
_____
_____
_____

Deshalb gewinnt die Schildkröte die Wette:
☐ Sie läuft schneller als der Hase.
☐ Sie ist zielstrebig und gibt nicht auf.

Ordne zu:

~~vorlaut~~   bescheiden   zielstrebig
siegessicher   flink   langsam

Hase	Schildkröte
vorlaut	

Warum verliert der Hase den Wettlauf?
_____
_____
_____

Was könnte der Hase sagen? Was erwidert die Schildkröte?

3 Schreibe passend zu den Bildern und mithilfe von Aufgabe 2 eine Fabel. Wenn du nach einem passenden Lehrsatz suchst, sieh dir noch einmal die Beispiele auf Seite 45 an.
Beachte die Hinweise des Wegweisers.

- **Überschrift** — Tiere mit Artikel
- **Einleitung** — Ausgangssituation
- **Hauptteil** — Konflikt
- **Reihenfolge**
- **Gegensätze**
- **Zeit: Präteritum** (Vergangenheit)
- **wörtliche Rede**
- **kunstvolle Sprache**
- **wechselnde Satzanfänge**
- **Schluss** — Lösung
- **Lehre**

4 Hast du die Hinweise des Wegweisers beachtet? Wenn ja, dann ☑.

Eine Fabel nach Bildern schreiben

Der 5. Schreibmeister

1. Sieh dir die Bilder zu einer Fabel von Aesop an.
   Finde eine passende Überschrift.
   Schreibe Stichwörter (Verben, Gegensätze …) neben die Bilder.

_____

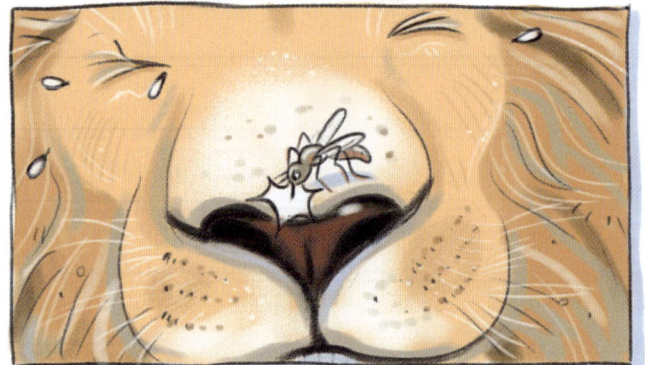

2 Schreibe passend zu den Bildern und mithilfe von Aufgabe 1 eine Fabel. Wenn du nach einem passenden Lehrsatz suchst, sieh dir noch einmal die Beispiele auf Seite 45 an. Beachte die Hinweise des Wegweisers.

Überschrift ☐
Tiere mit Artikel

Einleitung ☐
Ausgangssituation

Hauptteil ☐
Konflikt

Reihenfolge ☐

Gegensätze ☐

Zeit: Präteritum ☐
(Vergangenheit)

wörtliche Rede ☐

kunstvolle Sprache ☐

wechselnde Satzanfänge ☐

Schluss ☐
Lösung

Lehre ☐

3 Hast du die Hinweise des Wegweisers beachtet? Wenn ja, dann ☑.

Du hast ____ von 11 Punkten beachtet und abgehakt.

Eine Schilderung ist eine **persönliche Beschreibung** einer Situation
(z. B. eine Busfahrt) oder eines Ortes (z. B. ein Strand).
Eine Schilderung beinhaltet viele **Details**. Sie beschreibt **Gefühle** oder
Eindrücke und bezieht sich auf **Sinneswahrnehmungen**: Was sehe ich? –
Was rieche ich? – Was höre ich? – Was fühle ich? – Was schmecke ich?
Schilderungen stehen im **Präsens** und werden in der **„Ich-Form"** geschrieben.

1 Lies dir die Schilderung durch.

Popcorn

Gebannt schaue ich durch die Scheibe auf die kleinen, sonnengelben Körner.
Ich sehe, wie sich in ihnen langsam der Druck aufbaut und sie hektisch in der Maschine
umherspringen, bis sie zu zerplatzen drohen und kurz darauf mit einem lauten „Plopp"
aufpoppen. Ein Korn nach dem anderen gibt sich nun seiner Mission hin und man hört,
wie es zu puffen beginnt. Sofort danach erkenne ich bei den Körnern die helle, schaumige,
weiche Struktur. Gleichzeitig dringt ein unverwechselbarer, süßer, an Honig erinnernder
Duft in meine Nase. Ich schnuppere und atme tief ein.
Noch immer trennt mich die Scheibe von dem besten Snack der Welt.
Das Wasser läuft mir bereits im Munde zusammen, als ich beschließe, mir eine Tüte
Popcorn zu gönnen, damit ich mich diesem Geschmackstraum hingeben kann.
Voller Erwartung reiche ich dem Kioskbesitzer den abgezählten Geldbetrag über die
Verkaufstheke, um im Gegenzug eine rot-weiß gestreifte, knisternde Tüte zu erhalten,
die das Korn beinhaltet, welches mir den Alltag versüßen soll.
Ich greife in die Tüte und taste nach den kleinen, weichen und fluffigen Körnern.
Sie fühlen sich außen härter und knusprig an. Ich nehme den klebrigen Mantel wahr,
der an meinen Fingerspitzen haften bleibt.
Nun öffne ich den Mund und schmecke diese
unverwechselbare Süße. Ich probiere ein Korn
nach dem anderen und lasse es mir munden.
Obwohl das Popcorn perfekt erscheint, ist es
zerbrechlich und ich erblicke kleine Brösel,
die sich am Boden der sich leerenden Tüte
versammeln. Ab und zu ertaste ich auch
ein hartes, rundes Korn, welches sich kaum
zerbeißen lässt und beim Kauen ein Knacken
verlauten lässt. Dennoch liebe ich diesen
Moment. Warum? Weil Popcorn einfach
einzigartig und fantastisch schmeckt.

2 Unterstreiche im Text auf Seite 52 alle Verben, mit denen die Sinne näher beschrieben werden. Ordne sie in die passenden Felder ein.

Sehen
schauen,

Riechen

Hören

Schmecken

Fühlen

3 Ordne die Verben aus der Popcorn-Tüte in die Felder ein.

Wortschatzarbeit: Begriffe den Sinnen zuordnen

Damit Schilderungen lebendiger und die Beschreibungen noch detaillierter werden, solltest du Wörter kreativ benutzen. Verwende **treffende Adjektive** (sonnengelb), **Vergleiche** (so gelb wie die Sonne) und setze **Wiederholungen** (gelb – sonnengelb) gezielt zum Verstärken ein.

treffende Adjektive

1 Suche das treffende Adjektiv und verbinde.

sehr nass	glasklar	sehr still	duster
sehr weich	pitschnass	sehr schön	mucksmäuschenstill
ganz klar	watteweich	ganz dunkel	bildschön

Vergleiche

2 Bilde Vergleiche und schreibe sie auf.

feuerrot = rot wie Feuer

eiskalt = _____

kugelrund = _____

kerzengerade = _____

bienenfleißig = _____

hundemüde = _____

haushoch = _____

federleicht = _____

moosgrün = _____

messerscharf = _____

Bewusste Wiederholungen

Himmel +
Bären +
Kristall +
Tropf +
Zitronen +
Eis +
Wunder +

3 Verstärke die Bedeutung der Adjektive durch bewusst eingesetzte Wiederholungen. Ordne zu und ergänze.

Der Himmel ist blau – __himmelblau__.

Sie schlottert mit den Knien. Es ist kalt – _____.

Das Wasser ist klar – _____.

Thilo ist stark – _____.

Die Dame ist schön – _____.

Die Blüte ist gelb – _____.

Als der Regen nachlässt, bin ich nass – _____.

4 Ergänze die Beschreibung der Szene durch treffende Adjektive, Vergleiche oder bewusst eingesetzte Wiederholungen.

Fröhlich und __putzmunter__ stehen die Kinder vor dem Eiswagen. Der Eiswagenfahrer
putz + munter

lächelt ihnen zu. Der Großteil des Wagens ist weiß – _____. Das Dach ist
Schnee + weiß

_____ und das Schild, auf dem „Gelati" steht, ist _____ wie
dunkel + rosa   geschwungen + Welle

eine _____. Die Namen der Eissorten stehen auf einer _____
Pech + schwarz

Kreidetafel. Die verschiedenen Sorten haben alle möglichen Farben: _____,
Erdbeer + rosa

_____, _____, _____ …
Apfel + grün   Zitrone + gelb   Schokolade + braun

Sie alle sind süß – _____. Das erste Eis des Sommers ist was Tolles!
Zucker + süß

Wiederholungen bewusst einsetzen, einen Lückentext ergänzen

> Stell dir vor, du gehst frühmorgens in den Wald.
> Was siehst, hörst, riechst, fühlst und schmeckst du dort?
> Wie fühlst du dich? Was denkst du?

1 Sieh dir das Bild genau an und sammle Stichwörter zu den Fragen. Schreibe auch Ideen auf, die über das Bild hinausgehen (z. B. weitere Tiere, die du siehst/hörst, einen Bach …).

Was siehst du?

Bäume,

Was hörst du?

Was fühlst du?

Was riechst du?

Was schmeckst du?

56   Mit einem Bildimpuls arbeiten, Eindrücke notieren

2 Sieh dir den Hirsch genau an.
Kreuze die passenden Wörter und Eigenschaften an.

☐ zart

☒ stark und mächtig

☐ wie der König des Waldes

☐ schüchtern

☐ wachsam

☐ prächtig

☐ verzweigtes Geweih

☐ wild, fuchsteufelswild

☐ glattes, rotbraun gefärbtes Fell

☐ struppiges Fell

☐ steht elegant, hochbeinig da

☐ leuchtende Augen

☐ warme, treue, dunkle Augen

☐ strahlt Hektik aus

☐ dick und kugelrund

☐ strahlt Ruhe aus

3 Wie könnte man den Hirsch in einer Schilderung beschreiben?
Ergänze den Lückentext mithilfe von Aufgabe 2.

Ich halte den Atem an, als ich einen Hirsch vor mir erblicke.

Stark und _____ steht er dort. Sein _____ Geweih

lässt ihn prächtig, wie _____ des Waldes, erscheinen.

Mit seinen _____ Augen schaut er wachsam umher.

Sein glattes, _____ Fell und die langen Beine lassen ihn elegant

aussehen. Ich bin fasziniert von der _____, die das Tier ausstrahlt.

Passende Eigenschaften auswählen, einen Lückentext ergänzen

> Neben der Beschreibung der Sinneseindrücke und der Darstellung eines wichtigen Details (z. B. der Hirsch), gehört auch das Beschreiben der eigenen Gedanken und Gefühle zu einer Schilderung.

4 Überlege, wie du dich im Wald fühlst. Kreuze passende Begriffe an.

- ☐ aufgeregt
- ☐ verwundert
- ☐ überrascht
- ☐ es verschlägt mir die Sprache
- ☐ entschlossen
- ☐ entspannt
- ☐ erleichtert
- ☐ fassungslos
- ☐ fasziniert
- ☐ den Atem anhalten
- ☐ gelassen
- ☐ den Blick nicht abwenden können
- ☐ misstrauisch
- ☐ schadenfroh
- ☐ ängstlich
- ☐ unzufrieden
- ☐ vorsichtig
- ☐ in vollen Zügen genießen
- ☐ verzweifelt
- ☐ beflügelt
- ☐ draufgängerisch

- ☐ andächtig
- ☐ eine Gänsehaut bekommen
- ☐ sprachlos
- ☐ tapfer
- ☐ entsetzt
- ☐ boshaft
- ☐ erstaunt
- ☐ ich kann mein Glück nicht fassen
- ☐ fröhlich
- ☐ ich merke, wie mein Herz pocht
- ☐ hingerissen
- ☐ interessiert
- ☐ neugierig
- ☐ unbeschwert
- ☐ voller Angst
- ☐ unsicher
- ☐ wage nicht zu atmen
- ☐ zurückhaltend
- ☐ wild
- ☐ voller Freude
- ☐ der Gefahr ins Auge sehen

Detaillierte Aufzählungen lassen Schilderungen lebendiger erscheinen. Zudem vermitteln sie einen Eindruck der Gesamtsituation.

5 Ergänze mit den Wörtern am Rand sinnvoll die Sätze.

Ich sehe hinter den hellgrünen Gräsern den Wald.

~~sehen~~ ~~hellgrün~~ ~~Wald~~

Dort _____ neben _____ Kiefern gewöhnlich _____ _____ und _____ _____.

dick   hoch
alt   stehen
Eichen   Buchen

Die _____ oder _____, _____ Blätter bewegen sich _____ im Wind, als würden sie _____.

sacht   glatt
gezackt   tanzen
apfelgrün

Die _____ sehen wie ein _____ _____ aus.

Dach
Blätter
schützend

6 Ergänze auch diese Sätze passend.

Da entdecke ich einen _____ Hasen, eine _____ Maus,

ein _____ Eichhörnchen und eine _____ Ameise.

Ich schließe die Augen und höre eine Biene _____, einen Kuckuck _____

und einen Specht gegen den Stamm eines Baumes _____.

7 Schreibe nun eine Schilderung über deinen Ausflug in den Wald mithilfe der Aufgaben 1 bis 6.
Stelle dir genau vor, was du im Wald siehst, hörst, fühlst, riechst und schmeckst.
Beachte die Hinweise des Wegweisers.

- **Überschrift** – Was wird beschrieben?
- **Einleitung** – mitten in der Situation
- **Hauptteil** – ausführlich und detailliert
- **Zeit: Präsens** (Gegenwart)
- **Erzählperspektive** „Ich-Form"
- **Sinneseindrücke beschreiben**
  - Sehen
  - Hören
  - Fühlen
  - Riechen / Schmecken

Eine Schilderung schreiben

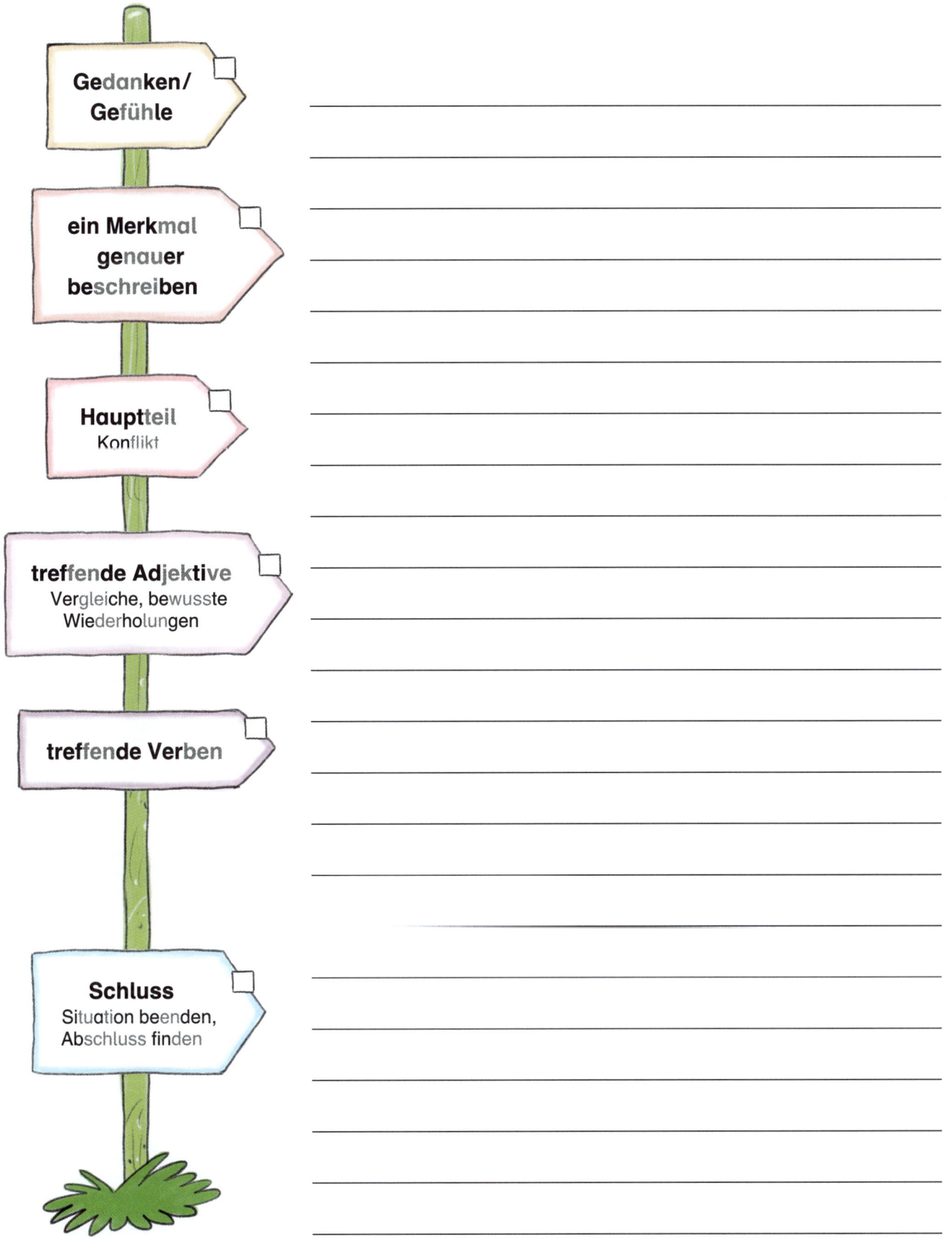

8 Hast du die Hinweise des Wegweisers beachtet? Wenn ja, dann ☑.

Eine Schilderung schreiben

Der 6. Schreibmeister

Stell dir vor, du stehst am Meer.
Was siehst, hörst, fühlst, riechst und schmeckst du?
Wie fühlst du dich? Was denkst du?
Schildere deine Ideen und Eindrücke genau und detailliert.

1 Sieh dir das Bild an und sammle Stichwörter zu den Fragen.
Schreibe auch Ideen auf, die über das Bild hinausgehen (z. B. Schiffe …).

Was siehst du?

Dünen,

Was hörst du?

Was fühlst du?

Was riechst du?

Was schmeckst du?

62

2 Schreibe mithilfe der Vorarbeiten von Aufgabe 1 eine Schilderung. Beachte die Hinweise des Wegweisers.

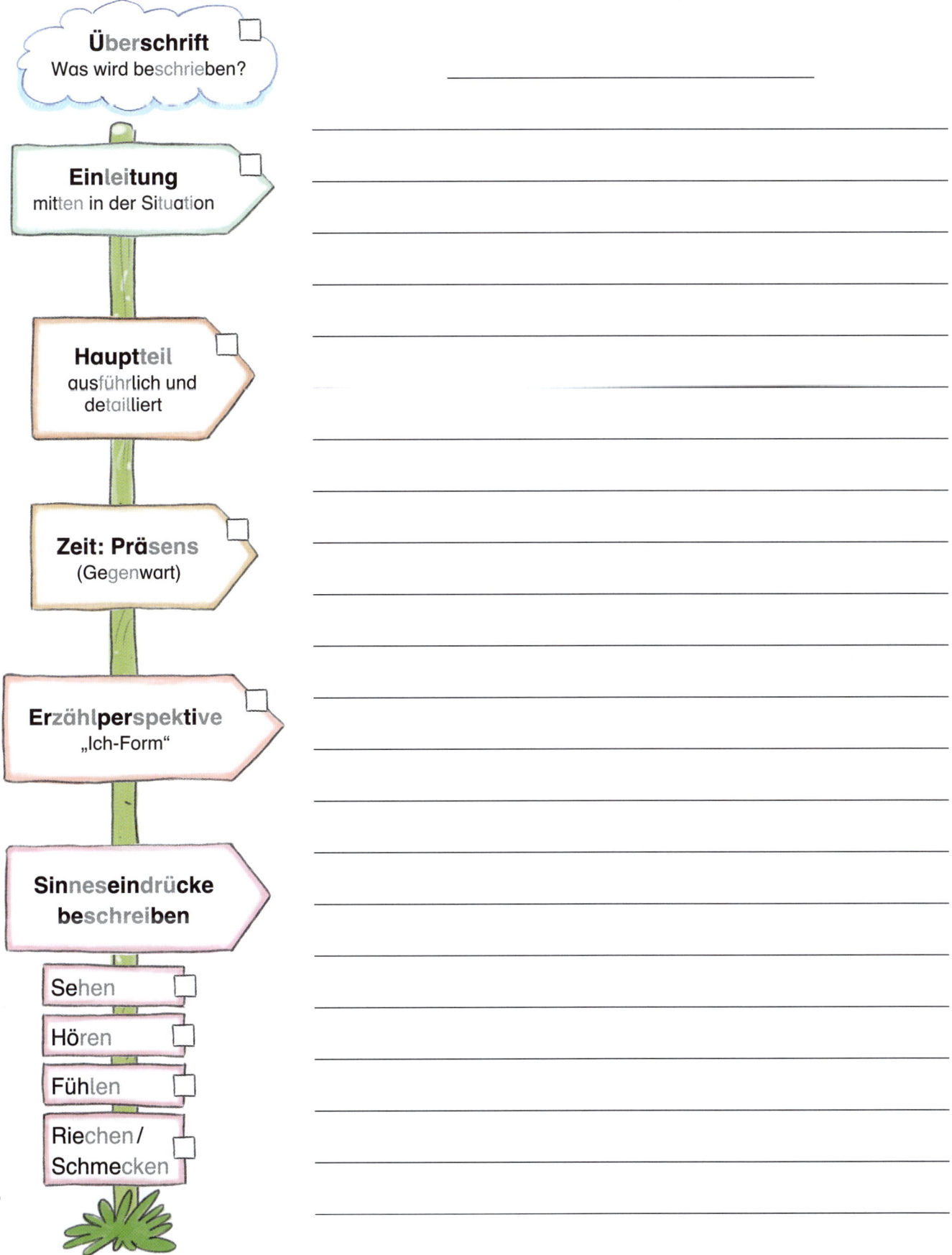

Gedanken/ Gefühle ☐

ein Merkmal genauer beschreiben ☐

Hauptteil Konflikt ☐

treffende Adjektive Vergleiche, bewusste Wiederholungen ☐

treffende Verben ☐

Schluss Situation beenden, Abschluss finden ☐

3 Hast du die Hinweise des Wegweisers beachtet? Wenn ja, dann ☑.

Du hast ▢ von 15 Punkten beachtet und abgehakt.